亲密关系避坑指南

董颖 —— 编著

中国妇女出版社

版权所有·侵权必究

图书在版编目（CIP）数据

亲密关系避坑指南 / 董颖编著. —— 北京：中国妇女出版社，2022.12（2022.12重印）
ISBN 978-7-5127-2185-2

Ⅰ.①亲… Ⅱ.①董… Ⅲ.①婚姻-家庭关系-案例 Ⅳ.①C913.13

中国版本图书馆CIP数据核字（2022）第191184号

责任编辑：李一之
封面设计：李　甦
封面供图：视觉中国
责任印制：李志国

出版发行：中国妇女出版社
地　　址：北京市东城区史家胡同甲24号　邮政编码：100010
电　　话：（010）65133160（发行部）　65133161（邮购）
网　　址：www.womenbooks.cn
邮　　箱：zgfncbs@womenbooks.cn
法律顾问：北京市道可特律师事务所
经　　销：各地新华书店
印　　刷：北京通州皇家印刷厂

开　　本：150mm×215mm　1/16
印　　张：12.5
字　　数：100千字
版　　次：2022年12月第1版　2022年12月第2次印刷
定　　价：49.80元

如有印装错误，请与发行部联系

Foreword
推荐序

　　董颖主编的新书，邀请我写序，因为我们在很多地方有交集。同在心理情感领域，她曾任职的《婚姻与家庭》作为资深情感话题刊物，在业内颇具影响力。我被这本杂志采访过多次，还为其写过情感专栏，听说很受读者欢迎。平时，我也常常在芒果TV的情感节目、北京广播电视台《今夜私语时》等栏目见到董主编做嘉宾，她不仅形象出彩，提出的观点也是深入浅出、颇为亮眼。

　　年纪轻轻就成为一本情感大刊的主编，撰写每期的卷首语，董主编的文字功底了得，对情感问题的剖析入木三分，后来听闻是北大才女，心下了然。

我们聊起写这本书的初衷，董颖说身边接触的案例中，有很多人情感上遇到问题和困惑，都是遇见问题才想到解决，之前往往一头栽进感情里什么也没想。而且感情中遇到事情，往往"当局者迷，旁观者清"，所以这本书集结了很多情感和婚姻中可能遇到的问题。选用一个个真实故事，就是希望读者以旁观者的心态，看别人的故事，解决自己的问题，这样会容易很多。

书的内容我看了，选题好、文笔好、立意好，文字流畅，读起来很轻松，故事仿佛就发生在你我身边，常见且典型。即将恋爱或者正在恋爱、考虑步入婚姻的人，真的可以读一读这本书，看看自己有没有遇到书中所写的问题，对照董颖给出的避坑指南，看看自己需不需要摘下恋爱滤镜，和伴侣更坦诚地交流一些深层次问题。提前"扫雷"，才能让今后的日子容易许多。

感情中遇到问题不可怕，及早发现、及早解决就好。婚姻和情感的问题，大部分可以解决，少部分可以规避。董颖曾经说："要想谈好感情，就得少用点感情。"虽然是戏谑，但其中之意便是，我们要在恋爱中保持清醒的头脑，在选择伴侣上不能含糊、懂得警醒。选择一条适合的路，比重新修一条路要容易很多。

情感避坑，你可以的！

潘幸知

Preface
作者的话

我们从出生开始,就不断学习各种技能。走路、说话、写字、说外语、开车……唯有感情这门深奥的课程,却从来没人教我们。

两个不同家庭成长起来的人,在一起注定要面对很多分歧和冲突,要如何接纳对方、融入对方,该怎样表达不满、处理问题,哪些分歧要尽早消除,哪些可以求同存异,在关系中要优先考虑自己还是应该为爱改变……需要学习的东西很多,可以参照的样本很少。

有时候,透过别人的故事,可以看到自己的问题。本书收录了16位当事人对婚姻情感生活的口述,均为作者接待的个案,且在文中对当事人姓名和细节做了模糊处理。这些情感生活中常见的问题，从生活琐事到脾气性格、"三观"差异，让我们有机会以第三视角思考感情，审视伴侣，学习解决感情中会遇到的问题。

好的感情需要做好选择、直面问题、抓大放小、懂得经营，错误的感情也要懂得尊重彼此、及时止损、留有余地，每个层次都需要我们用心参悟，或许可以从书中找到答案。

感情开始时总是一眼万年，结束时却不想多看一眼。跟随情感专家，翻开情感"错题簿"，别人犯过的错误，你可以轻松跳过。

Contents
目录

"我把她惯坏了"
  好的感情是相互包容，而不是一方退让 / 003

能共苦不能同甘
  被尊重和看见，才能走得更远 / 015

受不了他的"原形"
  摸清对方下限，了解自己底线 / 029

"月子仇"难以释怀
  别看他说什么，要看他做什么 / 041

"我回不去了"
  约束自己的欲望 / 053

他觉得出轨和爱妻子不矛盾
  尽早深入交流感情观 / 063

是鸡毛蒜皮　是互不相让
  生活没有完美，需要互相理解与不计较 / 077

一家出了两个"大王"
  一切影响感情的事，及早叫停 / 089

如果不赌博，他是个好丈夫

　　原则问题，及早止损 / 099

受不了他的初恋情结

　　过去淡而化之，创造新的记忆 / 111

她为什么总买买买

　　消费观要相互看齐，尽量找平 / 123

老丈人盼着我们离婚

　　日子是自己过的，两人同心胜过一切 / 133

当进取遇到"躺平"

　　允许并欣赏伴侣与自己的差异 / 145

他，不适合婚姻

　　成长要同步，才能做一辈子的伙伴 / 157

AA制的冷漠

　　可以精打细算，不可以自私冷漠 / 169

她总打压我的骄傲

　　选择赞美和鼓励爱人 / 181

很多关系的相处模式，

都是在一开始就形成了，

是我们把对方塑造成这样的。

要设置自己的底线，

当对方随意越线时，

我们要果断说"不"。

"我把她惯坏了"

好的感情是相互包容，而不是一方退让

口述：达盛（男，35岁）

我是苏州人，性格比较内向、稳重，脾气是公认的好。我前妻是东北姑娘，长得小巧玲珑，特别可爱、有灵气，我第一次见她就感觉是黄蓉从书里走出来了。

我们是大四时在实习单位认识的，当时我们五六个实习生在一个单独的办公室办公，关系很好。记得有一次开会，大家都去了，只有我不知道，所以去晚了。

散会之后我就在办公室里问："怎么没人告诉我呀？"带着点埋怨的意思。没有人回答，只有她，从办公室那边绕过来，跑到我面前说："我们怎么知道你不知道啊！难道以后有什么事我们都要追着告诉你吗？你不知道应该是你问才对啊。"说完狡黠地眨眨眼睛。我被她说得哑口无言，忍不住说："你是黄蓉吗？"她说："对呀！"

那是我第一次被她的磁场吸引。没过多久，我粗心地把钥匙落在食堂的桌上了，被她发现带了回来。然后她就要求我在办公室给她写感谢信，写完之后，让我当着几个小伙伴的面认真读给她听，她听了高兴得手舞足蹈。我们几个实习生所在的办公室里因为有她，常常欢声笑语，她总有好多新奇的点子。那一批实习生中女生多，男生加上我一共两个，我们俩都喜欢她。每次回到宿舍我们就会不由自主提到她，都觉得她可爱。

另一个男生比我年纪小，可能是我相对稳重一些，反正后来她成了我的女朋友。大四实习结束回学校之后，我们确定了恋爱关系。

有她这样明媚的女朋友，是件让人骄傲的事，每次和她一起走在大学校园里都觉得心情格外好。她长得也很好看，我能感到身边经常有羡慕的眼光。刚在一起的时候，她温柔可人。她没有课的时候，会来我学校等我下课一起吃午饭，或者干脆陪我上课。我在网吧打游戏的时候，她就在旁边的桌子上趴着睡觉陪我。当时我觉得幸福极了。

在一起久了难免吵架，开始她还是以撒娇为主，看我对她没脾气，她怎么矫情我也不生气，于是她的脾气就越来越大。我记得她第一次大发脾气，是有一次我们约好了吃饭，结果我在网吧玩了一天，忘了时间，她在我宿舍楼下等了好久，打电话我也没接，就急了。反正后来她是怒气冲冲杀进网吧，直接冲到我电脑前面，把电源一下就拔了。我因为理亏，就跟着她灰溜溜地往学校走，走到操场上的时候，因为刚下过雨，地上有积水，她就把我怀里的书全都扔进水里去了。当时我有些生气，因为她知道那些书是我跟女同学借的小说，不是我的。但是她不管，她就是要用这样的方式痛快一下，让我长点教训。我有点不高兴，但是考虑到自己有错在先，又看到她那么生气，就忍着没吭声。

这是我第一次见识到她的脾气。其实她不发脾气的时候，真的挺可爱的，很小女人。

毕业后，我们都在苏州找了工作，就结婚了。结婚后有一次，我们俩在外面吃完晚饭，回家的路上路过一个地方，我提起之前我和前女友在这里吃过饭，这里的饭挺好吃的。可能我的语气让她觉得不高兴了，她当时没说什么，回到家她一进门，就把我关在了外面。大冬天的，她怎么也不肯开门。我敲了好半天门，后来就坐在楼道里，足足坐到凌晨12点，她才开门让我进去，嘴里还说着："惦记着人家，你就找人家去啊！"我当时冻得已经快发烧了，没想到她真让我等了3个多小时。

其实我们俩之间有点摩擦我还不算太生气，毕竟是我们小两口之间的事。她就算发脾气，或者说些尖酸刻薄的话，我都不是特别生气。毕竟我很爱她，我知道她也是在乎我的。可是后来她被我惯得脾气越来越大，在我同事、领导和家人面前，经常拉着脸让我下不来台，有的时候还把脾气发到别人身上。

一次，我们单位组织周末爬山，我带着她一起去。大家集合之后有一个女同事发信息说要迟到一会儿。考虑到本来就是集体活动，走散了就不好了，所以大家决定等一下，这一等足足等了40多分钟。女同事匆匆赶来的时候，一个劲儿向大家道歉。同事们平时都是很客气的，我们都说"没事，没事"，就开始爬山了。结果没想到，她突然走到人家面前，隔着那个女同事冲我说："我真是快气死了，我最烦迟到的人了，没有公德心。"女同事听了当时脸上就有点挂不住，我也很尴尬，气得扔下她就自己下山回家了。

她也知道自己不该那样，但是回到家还振振有词，说本来迟到就不对，为什么不让说。她还说，明明我们大家也觉得迟到不好，只有她一个人敢说真话，我还把脾气发在她身上，是个懦弱的人。我真是不知道该说什么，发脾气发到外人身上，这让我怎么在单位做人啊！

家庭聚会也是，每次我点菜或者照顾大家的时候，如果有哪里没顺她的意，她立刻就拉下脸来，有的时候

007

还会直接当着大家的面埋怨我："我想吃的菜你怎么不点呀，你总是不记得我说的话，你总是只想着别人，心里没有我。"时间久了，大家都知道我媳妇有点难搞，都有意让着她、依着她。连我妈妈有时候都很紧张，聚会的时候只要一看见她拉下脸，就跟我说："赶紧看看你媳妇怎么了。"

她总爱就一点小事说个没完。比如，从我袜子乱放说到我从来不收拾家，说到我的人生没有规划，再说到我这一辈子就完蛋了。再比如，说到我的性格问题，说我随我爸，我爸随我爷爷，我们一家子都没有出息，打击面特别广。

这种表达方式会让我特别焦虑、反感，也会让我们彼此因为生气冲动而说出很多根本没有必要的话。每次吵架时说出的那些痛快的狠话，其实就像把一颗一颗钉子钉在了墙上，哪怕过后我们去补救，把钉子一颗一颗拔出来，墙上的洞仍然在。这就是我们给对方内心造成的伤害，是不可逆的。

最过分的是有一次，我们俩在卧室因为一点琐事吵起来了,因为我妈在客厅,我一直压着声音,不想让长辈听见。本来也没什么大事,可是她毫无顾忌,越骂声音越大,后来直接让我"滚出去"。我妈妈听了,心里得多难过啊!自己的儿子过得这么窝囊。

我妈那天含着眼泪跟我说要先回去,我心里真不是滋味。都怪我找了这么个脾气暴躁的媳妇,自己受气不说,还害得我爸妈和亲戚朋友跟着一起受气。

真的不能这样了。后来我跟父母商量,说了离婚的想法,家人也没有反对。她总冲我发脾气,各种贬损我、瞧不上我,所以对我的感情也很淡了。我跟她说分开,她说的是:"我从这门出去,分分钟找着比你强的。"反正就这样,我们放了彼此一条生路。

 避坑指南

"良言一句三冬暖,恶语伤人六月寒。"语言可以给人带来温暖的力量,也可以成为伤人的利器。

很多时候,人们会感到奇怪,刚认识对方的时候,他不是这个样子啊!他对待同事、朋友温文尔雅、谈吐得体,为什么进入亲密关系后,他变得这么容易歇斯底里、情绪失控呢?恋爱初期,如何分辨对方是不是这类人呢?

其实人们和不熟悉的人在一起时,会下意识隐藏自己的缺点,只有在亲密和熟悉的人面前才会暴露本色。在亲密关系中,有以下三种常见沟通问题。

1. 泛化问题,就是说,不能做到就事论事,总是从一说到二,从二说到三,没能解决当下问题,反而牵扯出更多问题,引发新的矛盾和冲突。比如,从乱丢袜

子这样一件小事，说到对方上次忘了刷碗，之前忘了交电费，什么都做不好，完全不值得信赖。和这样的伴侣一起生活，要么得内心非常强大，可以完全"听不见"，要么就容易被打击得毫无信心。

2. 习惯上纲上线、扣帽子。就是由一件事上升到一个人的品质，甚至牵扯到对方的父母家族。比如，因为对方睡懒觉这件事，就会说对方一贯懒惰，对方全家都是懒人。这种吵架方式特别伤感情。两个人吵架的矛盾应该局限在两人之间，拉扯更多人进来，会让简单的矛盾复杂化，在内心深处对伴侣产生怨怼。无论如何，吵架带上对方家人和长辈，都是不对且不理智的行为。

3. 情绪控制力差。这种情况是指用发泄情绪来代替解决问题。有些人情绪上头就会陷入负面情感旋涡，无法控制自己。比如，有人因为一点点小事不开心，就开始发脾气、说狠话、摔东西，有时事后甚至忘了当时为什么生气。还有人会不顾家里家外，在公共场合或亲友面前情绪失控，丝毫不顾及伴侣面子。

遇到以上几种情况要小心，警惕不良沟通方式对亲密关系的影响。

当然，两个人相处最初的磨合也很重要。当发现伴侣有这样的情况时，我们要勇敢地向对方提出自己的不适和不接受，积极和对方建立更好的沟通方式。很多关系的相处模式，都是在不断调适中形成的，我们对对方有"塑造"的作用。设置自己的底线，当对方越线时，我们要果断及时说"不"，建立良性、健康的沟通方式。

真正强大的男人,

永远不会在妻子和孩子面前找存在感和价值感。

能共苦不能同甘

被尊重和看见，才能走得更远

口述：琼琼（女，39岁）

说起我和前夫的相识，还颇有点偶像剧色彩。他是西南某市一家大企业分公司高管，我是去面试的毕业生。据说面试时他就觉得我不错，是贤妻良母的样子。

我进公司后被安排在他负责的部门，由他亲自带我，就跟他助理似的。工作一年多，我们确定关系准备结婚，他就让我辞职在家。结婚后我全力辅佐他，辗转了几个城市。

先是他被调到省会城市做公司负责人。接到消息时特别突然，几天内就要求报到。他忙着交接各种工作，我一个人在家打包了大大小小所有东西，一共装箱了十几件大包裹，找到物流公司城际快递。

到了新城市后，我们直奔公司给租的房子，又是我忙活了好几天，把各种东西归置好，宽带、手机号等都办好，没让他操一点心。我们俩也没有明确分工，但是自然形成的模式就是他只管忙工作就行，我把家里的事全都弄好，有时候还在家帮他处理点工作上的小事。

到省会的第二年，我生了儿子。他父母早就不在了，我父母年纪又大，所以就我一个人带孩子。他销售能力很强，特别善于维护大客户关系，事业上一直发展得很好，老总当得不错，下面人也都服气。不到三年，我们就在省会贷款买了一套两居室。

买房前，我抱着孩子看房、选位置，回来跟他商量；收房后，我全程负责装修、盯工地。好不容易新房装修好，马上就要搬进去了，新的调令又下来了，让他去北京。

这次搬家就复杂多了,孩子马上3岁,我们不仅要找住处,还要考虑孩子上幼儿园的问题。还好后来总部的人帮助协调了入园问题,我们就租了一个离幼儿园很近的房子住。

到北京后,我进入幼儿园家长微信群,很快有了一些妈妈朋友,我们平时一起买东西、聊天、接孩子,有时候周末几家人还一起郊游。那时候他特别感激我对家庭的付出,每次大家一起聚餐,他就站起来说:"我家琼琼对我们家贡献最大,她是我们家领导,孩子和家都是她管,我就是一个给她打工的。说句心里话,有个贤惠的妻子对男人来说太重要了。"

每次他这么说,我都很感动,虽然在家当全职妈妈,但是我的付出他都看到了。不像有些男人,觉得妻子在家就没有价值。

几年后儿子要上小学,于是我们再一次搬家到学校附近。经过这几次搬家,我已经成了打包能手,而且因为一直租房,我们的东西一再精简,我的衣服特别少,一年四季加起来装不满一个衣柜。

我们俩都很好客，一到周末我家就成了朋友聚集的地方，虽然屋子小，但是很热闹。来的朋友基本都是儿子的小伙伴和他们的家长，这些家长大多是北京人，很照顾我们，赶上刮风下雨就开车接送我们。大家相处得非常好。

但是每次聚会结束，他都对儿子说："咱们跟人家不一样，人家都是北京人，有房有车，咱们还在租房，所以咱们一家三口要一起攒钱，争取以后有购房资格了，能在北京安个家。爸爸会努力工作，给你和妈妈更好的生活。"

那几年我们很节省，除了社交需要的请客，我们自己都是在家吃饭。他总有应酬，我就每天在家给孩子做饭。我们也不乱买东西，家里放不下，也怕再搬家麻烦，所以我们早就奉行极简生活方式了。

孩子三年级的时候，他跟我商量，凭着自己多年的人脉和基础，可以跳出来单干，虽然会辛苦一些，但是捋顺之后能多挣钱。我相信他的能力，也觉得孩子大了，我能全力支持他。

就这样，他从大公司辞职，成了创业者。第一年是真辛苦，之前他手下有销售团队，个个能干，现在基本靠他自己，虽然招了几个工作人员，但是所有前期关系的搭建和牵线都得他自己一个个跑。那一年他很少在家，都是从一个地方回来，第二天早上拿两件换洗衣服又走了。

我当过他的助理，所以重操旧业，买了打印传真一体机，每次需要合同、项目书这类文书，都是我在家打印好、盖章，然后快递给他，或者他回家来拿。

更困难的是钱，之前我们有点积蓄，但是不多，创业之后租房、雇人，前期做项目，全部家底都垫进去了。最紧张的时候，我卡里只有几百元钱。

过去在大单位，因为是外派干部，所以房租、车和司机的费用都是单位付，连我们周末吃饭都可以报销，家里没什么大的开支。现在自己干，车和司机没了，房租自己掏，一切开支都要自己负担。

那段日子我们是表面光鲜，跟朋友们照常聚会，但自己知道经济有多紧张。主要是没有现金，每次一有进账，马上又转出去了，钱都是在手里过一下。有一次，过年前轮到我们家请客，结账时我刷的信用卡，因为储蓄卡里没有那么多钱。晚饭后回到家，他跟我说，公司的所有业务都进入正轨了，各种关系也都捋顺了，明年就等着在家收钱吧。

那年春天开始，我们终于渐渐有了结余，垫的款项也都开始回笼了。钱都是打在我卡上的，所以我心里有数，心里松快了许多，也敢给儿子买些衣服、运动鞋了。我觉得终于苦尽甘来，我们的日子越来越好了。

就在我估计差不多有5万元积蓄的时候，有一天，卡里的钱突然没有了。问他，他说打给大弟了，大弟家买车差点钱。我心里真的挺不乐意的，我们自己家里也需要钱啊，省吃俭用这么久，我也想给家里添置点东西。而且最重要的是，这么大事竟然不跟我商量一下，他自己就做决定了，气得我跟他吵了一架。

到第二年，我们的经济状况确实像他说的越来越好，但是作为最亲近的人，我能感到他的一些变化。以前周末他如果在家，很喜欢亲自下厨跟我一起做饭，现在是我做好饭，叫他两三次都叫不动。

他没跟我商量，帮小弟在老家买了一套房，100万元。我们自己在北京还没房呢。而且在他们家族微信群里根本没人搭理我，他们都觉得是自家哥哥给的钱，跟我没关系，所以我连一声"谢谢"都得不到。

之前不觉得，从公司运营顺利开始，我才发现他的大男子主义。我在家做的一切，他都看不到，觉得我是个家庭妇女，他是家里的绝对领导。我和儿子都应该对他无比崇拜，家里的事情都得听他的，最重要的是，所有事都要以他们家族为重。他的弟弟们比我和儿子重要。

家族微信群里，我的存在感很低，就是个透明人。弟弟、弟妹都感恩大哥，我这个大嫂没有一点存在感。有一次他又给他弟弟打钱，我不高兴了，发了几句牢骚，他的两个弟弟把我踢出了群。他也不帮我说话，还老跟儿子说他们才是一家人，我是外人。我真是特别憋屈，觉得他像换了个人似的，有点钱就不知道自己姓什么了。

为了儿子和家庭，我又忍耐了两年，但是一点好转都没有。刚结婚时有了矛盾他会哄我，如今我是怎么生气怎么自己憋回来，他根本不理会，在家就是忙工作、刷手机，要么就出差。我背着他偷偷哭过好多次。

最后一次吵架，吵到要离婚。他对儿子说，你妈妈对咱们家一点贡献都没有。儿子都听不下去了，说妈妈生我养我了啊。他说，养你的钱都是我出的，我要是雇个保姆也能把你养这么大，还能养得更好，你妈妈还不如保姆。

我真是完完全全失望了，他早就不是我认识的那个人了。家里收入虽然多了，但是我一点幸福感都体会不到，远不如我们在省会时和刚搬来北京时那段普通甚至没钱的生活。

在他眼里我早就没有价值了，说到离婚，他毫不犹豫就同意了。省会的房子还有贷款，不值多少钱，能分的只有存款和步入正轨的公司。但是他挺狠的，决定把公司注销，注册一个新的重新开始。我想了想也没什么客气的，他先后给他弟弟的100多万元，我要求拿回属于我的一半。

人们都觉得创业好，老公会挣钱好，我现在真不这么认为。能挣钱还不"飘"的人，才是值得托付的，很多人有点钱就变味儿，连带着婚姻也变味儿了，太没意思。

我现在带着儿子租房住，但是心情好多了，不憋屈了。孩子上初中后我也省心了，又找了份工作。十几年没在职场，肯定会有些困难，但是我相信一切会越来越好。

避坑指南

我们总喜欢跟朋友说:"苟富贵,莫相忘。"其实金钱和任何东西都息息相关,包括恋爱和婚姻。

很多人都好奇,为什么两个人没钱的时候能够过得不错、互敬互爱,有钱之后反而感情变淡,甚至过不下去了呢?怎么能看出这个人会不会有钱就变"坏"呢?

1. 看对方如何对待过去的朋友。有些人利益至上,觉得对自己有用的人才有交往价值。曾经的同学、同事,因为圈子不同了,没必要理睬,或是觉得自己层次提高了,和之前的朋友没有共同语言,就不再联系。

2. 看对方原生家庭模式。对方所在的家庭是夫妻双方平等互助型,还是一方说了算,另一方完全没有话语权和存在感？比如，本篇案例中男方家里就认为，兄弟之间才是自己人，媳妇都是外姓人。这些观念，在交往初期是可以看出一些迹象的。

3. 看对方怎么对待和谈论为自己提供服务的人，比如服务员、保安等。对别人的服务心存感激、对劳动者尊重的人，对伴侣为家庭的付出也能看在眼里。反之，认为这些劳动没有价值、自己高人一等的人，对家庭主妇在家里的劳动也会不屑一顾，甚至会觉得自己挣钱，在家里是领导者，是购买服务者。

4. 看对方是否懂得感恩。对于曾经帮助过自己的人，有些人是嘴上偶尔提起，有些人是时常看望和惦念。某种程度上说，和自己白手起家、患难相助的伴侣也是恩人，懂得感恩的人是不会在做出点成绩的时候，先抛弃恩人和队友的。

5. 看对方有没有远大理想和坚定信念。真正能做大事的人，眼光长远且心胸宽广，不会有了一点小小的成绩就自高自大、目中无人。他们懂得家庭需要经营，家庭稳定是事业成功的稳定基点。夫妻不仅是相伴一生的伙伴，也是经济共同体，低谷时不相互抱怨，高峰时不相互嫌弃，才能携手走得更远。而且，真正强大的男人，不会在妻子和孩子面前找存在感和价值感。

婚姻如同木桶，
决定两个人能不能相爱的是长板，
而决定彼此能不能牵手走过一生的则是短板。

受不了他的"原形"

摸清对方下限,了解自己底线

口述:晓敏(女,36岁)

我和我老公是大学同学。我们同一年考入浙江大学,同系不同班。大一我们一同加入了灯谜社。后来他成了灯谜社社长。

那个时候,在社团里就觉得他光芒四射,人很高很瘦,白白净净的,特别斯文,也很有才。当时我们灯谜社的女生私下都在议论他,可以说他是我们很多人心目中的"白马王子"。有几次傍晚,我路过操场,看见他和男生在打篮球,很多女生站在旁边为他欢呼。

我们同学一半是城里的、一半是农村的,我一直认为他也是城里的小伙子。因为他穿衣服品位很好,虽然衣服不多,但都是名牌,而且打扮得很帅气,举止谈吐都挺不俗的。直到后来我们很熟悉了,有一次他很诚恳地跟我说他是农村的,我根本不相信,因为他全身上下根本看不出是农村的。

我觉得无所谓,因为在学校里大家都不会太计较这些。我们大三时确定了恋爱关系,那时候我心里是有点小得意的,因为他是学校的风云人物,我家虽然是杭州市里的,家庭条件不错,但我在学校里基本就是一个"小透明"。每次和他一起走过校园,我觉得很多女生都羡慕地看着我。还有几次,晚上我一个人在外面散步的时候,听到有女生在议论灯谜社社长的女朋友是谁。

总之,我们把甜甜的校园爱情一直谈到了毕业后。一开始我们家人是坚决不同意我找一个外省农村小伙子的,但是他在杭州找的工作还不错,也稳定下来,两年之后我们家人看我们的感情也很稳定，就勉强同意我们结婚了。

他们老家结婚前有一个订婚仪式，那是我第一次跟他回老家，说实话跟我想象的一点都不一样。条件稍微差一点其实没什么，他们老家虽然在农村，父母都是务农的，但是家里的各方面条件还可以。真正让我震惊的是，他在家里表现得和我认识的他完全不一样。

回到老家，他之前的斯文不见了，说着一口地道的农村土话，和大家拉拉杂杂地说话，边说还边拉拉扯扯。而且没一会儿，别人递给他的烟，他就夹在了耳朵上，那样子别提多滑稽了。他手里抓着一把瓜子，边走边吃，随口就把瓜子壳吐在地上。大家来家里做客时，也没有人把花生壳、瓜子壳扔在桌上，都是站着吃，"啪啪"吐在地上。我不太适应，就把瓜子壳放在桌上，他还过来跟我说，别这么麻烦，等会儿一块扫，然后用袖子把我吃剩的瓜子壳都刮到了地上。

我看着他，觉得那张脸特别陌生。他说话声音特别大，很聒噪，整个人都是一副亢奋、粗糙的样子。

到了晚上聚餐就更可怕了。可能是第一次带女朋友回去，每个人都过来向他敬酒，他又挨个回敬，就跟人来疯似的，闹个不停，我看着都厌弃。果然，不一会儿他就醉得不省人事了，最后是别人帮我把他扶回去的。

那天晚上躺在床上，看着旁边一身酒气、呼噜声大作的他，我特别后悔，眼睛盯着天花板睡不着，觉得这不是我要嫁的老公。这简直是完全陌生的一个人。当时我想的是，赶快回杭州，我要和他分手。

可是第二天就举行了订婚仪式，他妈妈给了我礼金，我有一种骑虎难下的感觉。总之，稀里糊涂地办完订婚仪式，我们又回到了杭州。

回去后，我几次想和他谈谈这件事，但是一回到杭州，他马上又变成了那个文质彬彬、知书达理的人。我说喝酒喝多了很难看，他说难得一回，也是高兴。总之，在他嘴里所有事都显得合情合理，而且订婚毕竟一辈子就一次。回到杭州后觉得之前那种情况离现实生活很远，我也就慢慢忘了，跟他按部就班结婚、生孩子。

孩子小的时候，因为怕农村生活不方便，头两年春节都是他父母过来。到孩子3岁之后，我们就每年春节回他的老家。但是没想到，每次回去他都"原形毕露"，真的像别人说的国贸的"Mary"变成了"马丽"。

每次回去过春节那几天，我可以说是痛苦难忍、度秒如年。看着他每天耳朵上夹着烟、走路外八字、吃饭吧唧嘴、跟别人说话满嘴粗话的样子，我真的是厌恶到极点。虽然他们的家乡话我不是都能听懂，但是也能感受到他们经常说一些特别不入流的话和玩笑。

本来我以为自己能够分清回老家的他和在城市里的他，但是后来我发现不能。因为即便回到城市，他再想和我亲热的时候，我身体也是抵抗的。

我想到的是那个喝多了像烂泥一样躺在地上的他，想到的是那个满地吐瓜子壳、吐痰的他，想到的是那个想小便就随意在路边找田地站着尿尿的他……这完全不是我心目中的老公形象，我真的越来越不能忍受和他在一张床上睡觉。

于是我就借口照顾孩子，和孩子搬到了一起，跟他分房睡了。距离越远越能够相敬如宾，他只要靠近我，我就觉得难受。一开始他偶尔过来和我亲热的时候，我还应付一下，到后来我摸到规律了，每次发现他要过来，我就赶快装睡。很快我们就保持一年顶多一两次夫妻生活了。

其实我也觉得这样不好，但是我确实从心里对他产生了抗拒。虽然平时生活挺平静的，但我能感觉到我从骨子里对他有一些嫌弃。尤其是在他很累、睡觉打呼噜、说梦话的时候，我都能从他身上看到他在老家的影子。

后来孩子大了，我们俩无性生活好几年，也确实成了住在一个屋檐下的"邻居"。夫妻一旦没了肢体亲密，很容易生分，彼此都觉得应该找到更温暖的另一半，毕竟我们还年轻，也有吸引力。

于是好合好散，我们就和平分开了。

避坑指南

我们都知道人是有多面性的,所以在交往初期就要尽量全面地了解对方和他的成长环境、原生家庭。之所以强调这件事的重要性,是因为这些东西是一个人骨子里自带的,一辈子都不会改变,而且是我们不费力就可以了解到的。

同时,我们也要了解自己,知道自己的预期和底线,即什么可以接受、什么是不能接受的。

比如,本文中的男主人公,虽然就读于名牌大学,知书达理、文质彬彬,但女方必须接受的是,他的原生家庭在农村,那里的风俗习惯和大城市不同。这种不同没有好坏之分,这是他生命中不可分割的一部分,和后天读书成才的部分,共同形成了一个完整的他。

所以，寻找终身伴侣时，我们要确切知道自己的"完全不能忍受"与"或许可以将就"。在欣赏对方的优点时，我们也要知道有哪些缺点是不能忍，一旦出现就必须喊停的。

1. 城乡或地域差别。同样是伴侣来自农村，有人觉得乡村风情非常有趣，愿意了解伴侣家乡的风俗习惯，有人就完全听不得农村的事，觉得观念落后、礼数繁多、卫生环境差……如果你是后者，认为"完全不能忍受"，那就不要贪图对方的外在条件，因为对方的家庭、父母、亲人都会对你的生活造成影响。恋爱时如果刻意忽视这部分，无疑给婚后埋了一颗雷。

2. 抽烟、喝酒等生活习惯。这也是原生家庭差异，有的家庭男性成员都喜欢抽烟、喝酒，并且以此为乐事，有的家庭则烟酒不沾，并且对此深恶痛绝。虽然只是生活习惯不同，但是如果两人在观念深处就势不两立，那么婚后稍有摩擦，这些每天都会遇到的分歧就会被无限放大，甚至扩大到人身攻击和两个家庭的矛盾。如果确定自己无法接受这方面的差异，我们可以早一些和对方谈。

3. 生育观。有人想"丁克",有人想生三个孩子;有人想一结婚就要孩子,有人想晚几年再要……这种家庭大事上的分歧,常常无法调和,因为这不仅是夫妻二人的事,往往还会掺和进双方父母甚至家族的意见。与其把这么大的事放在婚后撕扯,不如提早商量,不至于在结婚后才发现没有退路。即便真的谈不拢,也可以早些分开,好合好散对双方来说损失都能最小化。

其实人没有十全十美的。婚姻本质上就是一种接纳,我们接纳对方的优点、我们欣赏的部分,也要及早看到对方的缺点、我们嫌弃的部分。

婚姻如同木桶,决定两个人能不能相爱的是长板,而决定彼此能不能牵手走过一生的则是短板。要看对方的下限是不是在你的忍耐、承受范围之内。

女人怀孕时,
最能看出男人的担当。

"月子仇"难以释怀

别看他说什么,要看他做什么

口述:苑桂(女,45岁)

人和人啊,非得一起经历一些事,才能知道靠不靠得住。朋友是这样,你落魄过、借过钱,才知道谁是真朋友。两口子也是,谈恋爱的时候天天你好我好的,吃饭、逛公园、看电影,确实没什么毛病,可是真一块过日子,柴米油盐需要分担的时候,就知道谁靠得住,谁是"绣花枕头"了。

我前夫谈恋爱的时候挺细心的,是个"暖男",知冷知热,天冷了送围巾,鞋带开了蹲下就给系,别人都夸他对我好。尤其是懂浪漫,什么情人节、七夕、生日,他从来没有忘记过,每次都能带来惊喜。手链、项链、包包、化妆品,各种礼物我收了个遍,就连他每次出差,都会在机场给我买衣服或者首饰。我日常穿戴的东西,别人一问都是他送的,大家都很羡慕,男人这么会买东西的真的很少。

结婚后他也没变,还是礼物不断,有时下班回来就带个网红蛋糕、小玩偶之类的。其实我们收入不高,但他就是很有心。

那时候我妈就提醒过我,说别老看这些有的没的,虚头巴脑没什么用。我还觉得我妈不懂,现在想想还是父母眼睛明亮,看得准。

我怀孕期间没什么反应,不恶心也不难受,所以跟正常生活没什么区别。我生产前半个月爸妈去日本旅游,因为想着孩子出生后他们要帮忙带两年,暂时出不去了。

这之前，周末我都在父母家吃住，我就跟他提前打了招呼，让他这个周末早点回家，别跟同事出去打牌了。因为他们每周都聚，我说快生产了，跟大家说一下回来陪我一周。他一口答应。结果到了周五，他人影都没有。我自己吃饭、自己出去散步，他根本没把这事儿放在心上，照常打麻将去了，半夜才回来。我当时有点不开心，但是那会儿我自己问题不大，所以就没放在心上。

我是顺产的，生完孩子之后只在医院住了一天。那天下午，他捧了一大束花兴冲冲来看我，花被护士留在外面，因为不能带进母婴病房。他进来之后，待了十几分钟说，没事他就走了。他嫌爸妈做的饭太清淡，要自己出去吃肉饼。

我以为他吃完会回来看我，因为隔壁床都是老公在忙前忙后。结果吃完之后他自己就回家了，没再来我这儿，还是我父母晚上照顾我吃的晚饭。那天我有点失望，我生完孩子那么虚弱，特别需要老公的陪伴和照顾，结果他完全没这个概念，觉得没这回事似的。那天我第一次觉得，买花之类的行为太傻了，一点意义都没有，远远不如留下搀着我上厕所、洗脸实在。

出院后我在娘家坐月子，他也跟着住了过去。但是有他没他一个样，他除了晚上偶尔帮忙洗洗碗外，根本不做其他事，回家就是看手机。他说孩子太小他不敢抱、不会弄，所以每天夜里起来哄孩子、喂奶的都是我和我爸妈。有一次孩子哭闹半宿没睡，我和我爸妈轮流抱，他躺在沙发上没起来过。

我爸妈白天照顾我，晚上陪我照顾孩子，我特别希望周末他能多分担一下，可他根本没这个意识。更可气的是，有几次我们夜里起来次数多了，宝宝哭的时间长，早上他起来上班的时候还长长一声叹息，说夜里又没睡好。我心里那个气啊！

真正让我发飙的是一个周末，我让他帮我洗内裤。因为月子里不能碰凉水，我又不想让妈妈再受累，就特意让他帮忙。结果他一脸嫌弃地说："哪有让我洗的，让妈妈给你洗。"我的火腾地就起来了："凭什么让我妈洗，你怎么不能洗了，就应该你洗。"没想到他说："这种脏东西,我不洗!直接扔了吧!"见我特别生气,他连忙解释:"在我们老家,男人洗这种东西会倒霉的。"

我真的受够了。看着他那愚昧可恨的样子,我真恨不得抡圆了胳膊打他一顿。可他竟然觉得这是小事一桩。那时,我心里的疙瘩已经埋下了。

宝宝满月那天,我和爸妈跟平时一样,在家忙活一天,准备哄宝宝早点睡。结果他晚上快8点到家,手里拎个大蛋糕,说给宝宝庆祝满月。那场面特别滑稽,他把蛋糕放在宝宝身边,蛋糕比宝宝还大,然后一通拍照、鼓掌。宝宝啥也不懂,盯着这个巨型蛋糕发愣。我和爸妈三个人什么兴致都没有,我刚出月子,我爸妈有"三高",没人能吃蛋糕。当时感觉纯属一场闹剧,他帮不上忙还净添乱。

第二天我爸说,这个人啊,只能锦上添花,不能雪中送炭。这种感觉越来越强烈,我看出这个人指望不上,只会买点鲜花、首饰这些虚头巴脑的东西。

后来孩子省事了,他有时候也能陪着玩一会儿,但是最困难的时期已经过去了。孩子生下来后几个月,我和我爸妈都累瘦了，只有他胖了。

这段经历，一直在我心里过不去。刚生完孩子的疲劳、委屈和带孩子的辛苦，都没人分担，所以后来每次吵架，我都翻旧账。他老说怎么一直提，但是我心里就是过不去。一辈子能有几次这样的大事，指望不上还要他有什么用？平时你好我好都没用，送礼物搞浪漫那一套，真的比不上帮你带孩子、洗衣服来得真实。

过日子，担当太重要了。这样的男人不能"留着过年"了。

避坑指南

有人说，看男人爱不爱你，怀孕后就知道了。生孩子和坐月子对每个女人来说，都是人生中的一次重大体验，因此这个时期男人的表现，特别能看出他有没有担当。

心理学研究显示，在第一个孩子出生后，有67%的女性对婚姻满意度急剧下降。那么恋爱期间，怎么能看出对方未来是不是靠谱、关键时刻是不是指得上呢？

1. 向他求助时的表现。虽然外卖、小时工等便捷生活帮手越来越普遍，日常生活中遇到的问题减少了很多，但有些事情还是需要另一半亲力亲为的。比如，你生理期肚子疼，有人只是说说"多喝热水"就让人很生气，但是把热水端到你面前就很暖心。爱是雪中送炭，不是锦上添花。所以遇到大雨打不到车、搬家、装修等事情，求助对方，看对方的表现是嘴上说说，还是立马行动。

2. 恋爱时遇到问题的表现。的确有些人只善于处理日常简单关系，平时甜言蜜语、无微不至，一旦感情遇到问题就装聋作哑，要么躲、要么冷暴力，还有的假装没事送个礼物蒙混过关。出现这种情况的原因很多，可能是他心理抗压能力不足或者从小被保护得太好，不懂得如何面对分歧。伴侣之间遇到问题时勇于沟通并积极提出解决方案，有助于缓和矛盾，促进伴侣共同成长。这样，你才不会在遇到困难时孤军奋战。

3. 看他如何看待孕产妇。有的男性对女性的孕产之苦非常了解，看到孕妇和产妇，会礼让和帮助，也会表示妻子怀孕后自己要如何照顾。有的男性则对这些无感，认为怀孕生孩子特别简单，甚至觉得女方还能在家休息半年，可真是幸福。这类人做不到感同身受，在关键时刻会选择隔岸观火，甚至觉得这根本不关自己的事，生产和养育本来就是妻子的责任和义务，作为男人，根本没必要参与进来。

4. 看对方有没有基本生活能力或学习意愿。有的人从小到大什么家务都不会做，在妻子生产后这类特殊时期，很容易把家庭责任推给老人、保姆等。其实不怕动手能力差，有愿意帮忙的心和意愿就是好的，我们尚有机会引领对方学习和成长。最怕的是不会做又不想学，觉得别人替代自己就行，这样很容易让对方感到伤心和对婚姻失望。

和对方聊聊,

因为出轨、劈腿而"塌房"的明星,

他怎么看?

很有可能会有不一样的发现。

"我回不去了"

约束自己的欲望

口述：英子（女，43岁）

我离婚是因为我出轨被老公发现了。他给过我改过的机会，但是我让他失望了。

说实话，30岁之前如果有人跟我提到婚内出轨，我的内心想法是"这种人都应该枪毙"。那时候我的世界非黑即白，觉得如果不爱了就应该明确提出来，离婚后再找。脚踏两只船、出轨这种行为是我最不齿的，觉得欺骗自己、欺骗伴侣、欺骗人生。

但是之后，我却成为我曾经最讨厌的人。

老公和我是大学同学，他老实本分，对我好，工作和家庭都很不错。大学毕业后我们开始正式谈恋爱，各方面都非常适合结婚的两个人见完家长很快就结婚并且有了孩子。

28岁那年，我一度觉得自己应该是世界上最幸福的女人了，老公顾家、孩子可爱，我自己工作顺利，双方父母家庭条件都不错，而且关系很和谐，简直算是人生赢家了。除了我不怎么喜欢跟老公亲热，他也不太强求以外，别的地方我们都特别和谐。

可谁想到，我竟然在这个时候偶遇了中学时代的初恋男友。

别人给我他的手机号码时，我的手都有点颤抖。号码在手机里存了一个多星期，我反复看，都背下来了就是不敢打。后来我假装随意，其实特别用心地发了条短信过去，大致就是问他还记得我吗？信息刚发出去一秒，他的电话就打过来了。

电话里，我们俩都有点语无伦次，想装作很轻松的样子，又都有点激动。很快我们约了见面的时间和地点。

见面之前我在心里祈祷，这么多年没见，他最好变丑了、变胖了、变世俗了，不管哪样，只要他变了就好，我看看也就不再惦记了。但是他一出现我就傻眼了，他竟然一点没变，穿着运动服、清清瘦瘦的，一眼回到从前。

那天稀里糊涂回到家，晚上躺在床上看着身边的宝宝，我默默哭了又哭，为什么我这么早就结婚了啊？为什么一结婚就要孩子了啊？我明明心里有爱的人。

之后跟初恋又见了几次面，有一次在他家，他突然坐过来要亲我，我吓得拿起包就跑了，在地铁上心还怦怦跳。那之后，我们有两年多没见。其实我心里一直惦记他，但总觉得尴尬，不好意思主动联系。

两年后，一天中午，他突然打电话过来，说有一件特别高兴的事想第一时间跟我分享，电话里的感觉就好像我们一天也没分开似的，他在那边说，我在这边笑，当时我在外面走路，阳光很好，心情也特别明媚。聊着聊着，他忽然问："你在哪儿呢？"我说了之后，他就直接开车来接我去吃饭，然后一起回了他家。

那天可能是因为他高兴，我也因为重新和他联系上而高兴，两个人都很兴奋，很自然就在一起了，之后我们又抱着聊了一下午。下班时间，我脸上带着光泽回了家，整个人都神采奕奕。

那些天我整个人都处于一种亢奋状态，可能一方面身心得到滋养，另一方面弥补了学生时期的遗憾，就连坐出租车我都特别开朗健谈，能跟司机畅聊一路。没事的时候我就看手机，回味和初恋在一起的时间。

估计我的状态出卖了我，才一个多月老公就发现了我的异常，然后看了我的手机。他当时就给我初恋打了电话，让他不要跟我联系了。

我吓坏了，之后老实了好几天。其实我是想收心好好过日子的，但是那段时间家里的气氛太压抑了。老公整天疑神疑鬼，动不动就突然查我的手机。他的情绪也琢磨不定，有时候很好，还给我买礼物，我觉得可能这就算"翻篇"了，可以过下去。但是有时候本来好好的什么事都没有，他就突然用话扎我、讽刺我。我的心跟过山车似的，踏实两天，揪起来两天。终于有一天，我自己也受不了这样了，就说："咱们还是离婚吧。"

我这么说了之后，老公倒不想分开了。从此之后再也不提这件事了。但是经过这段时间的折磨和精神紧张，我对他本来就不多的感情，更是一点都没了。我不怪他，作为男人他已经很够意思了。但是我自己回不到从前那个觉得特别幸福的自己了。

跟初恋联系太危险，而且时间长了也有这样那样的问题，渐渐我们不联系了。但是心总安定不下来，于是有一天我竟然在微信上找附近的人，然后跟人家漫无目的地聊天。其实我就是无聊想找人说话、排解。

和很多人聊一两次，我就不回复了。但是有一个人，跟我一样就是聊天，聊得多了知道他是博士、外科医生，那天他也是因为心情不好第一次在微信上找附近的人聊天。我们聊了有半年，有一天互相打趣，说既然情感都空缺，不如我们两个凑合一下吧。

当时是开玩笑，没当真，后来总聊，我们就真的见面了。我也不想给自己找什么借口，说得多高尚，其实就是寻求刺激。

后来我发现，出过轨的人很难完全回归正常生活，至少我和我认识的朋友是这样。就是一旦你在婚姻外有了亲密关系，你安静的生活就被打开了一个缺口，总有光照进来，让你想看看外面的花花世界。

其实婚外的感情也没什么意思，甚至谈不上感情，大家都不会真正投入和付出。但是我发现我回不去了，我知道不能这样浑浑噩噩下去了。

我主动提出结束这段婚姻。我想首先要好好梳理一下自己，然后寻觅一段真正的感情，投入进去，才能重新开始。我对前夫很抱歉，但是因为不够爱，再多抱歉都回不了头。他人那么好，一定会遇到珍惜他、懂他的人。

避坑指南

有人说出轨只有0次和无数次之分。虽然说得有点绝对,但也有其背后的心理原因,就是人们有时会对某种感觉无法自拔地上瘾,这种感觉如同开启了潘多拉盒子一般不可控。在选择另一半时,了解以下问题,有助于规避这方面的风险。

1. 对方和前任是如何分开的。如果是因为感情出现问题而分手,相对容易"翻篇",如果是因为家人拆散或者误会分开,那可能存在一定不甘心的成分。有时候回头不一定是因为爱,只是因为不甘心,或者想试探自己还有没有魅力。

2. 对方心中有没有"白月光"。有的人心中一直有学生时代的"白月光",如同本文主人公一样,即使他们在现实生活中恋爱结婚,一旦有机会接触"白月光",

都会产生一定要发生些什么的冲动。这种冲动很难控制，需要保持理智。

3. 双方感情基础是否牢固。其实不管初恋情结、前任心结，感情会不会出现问题，最重要的是当事双方的感情如何。所以选择进入婚姻的伴侣，一方面要彼此深爱，另一方面要注意情感保鲜，才能够最大化抵御外界诱惑。

4. 如果是自己遇到这类问题，不要用初恋情结、前任心结来麻痹自己。分开必有理由，曾经吐出去一次的食物，再吃一次很可能还是同一个结果。

我们是为了什么而恋爱、结婚的?

为了幸福。

如果爱一个人反而让你觉得委屈、伤心、怀疑自己,

那么不如不爱。

他觉得出轨和爱妻子不矛盾

尽早深入交流感情观

口述：艾嘉（女，35岁）

现在回想起来，那段三年多的婚姻几乎要了我半条命，我那段时间可以说都神经质了，夜里睡不着觉，所有精力都用在琢磨怎么留住这个男人上。离婚如同断臂一般，我用了很长时间才缓过来。四年过去了，我终于能够非常平静地正视那段感情，把它讲出来。

其实我前夫是一个不错的结婚对象，人长得很高、很帅，身高1.84米，瘦瘦的，痞帅型，所以很招女孩子喜欢。

那时候他是我们高中的校草，虽然我也算是校花，但我还是没敢对他动心，因为他实在太耀眼了。

是他主动接近的我。我们的相遇有点浪漫，学校军训的时候，我们不同年级，当他们方队经过我们面前的时候，我一眼就从上百人中看到了他，白衬衣、干净的脸、清瘦。之后几天只要训练，我就一直悄悄关注他。

没想到有一天，他们队伍又经过我们面前的时候，他对旁边的男生低头说了一句话，两个人就一齐向我看过来。当时我的心怦怦直跳，特别紧张。我心想，完了完了，偷看人家被发现了。

正式入学之后一个星期，他就托我们班的同学约我放学一起走。其实那时候我隐隐约约是有点小期待的，但是内心根本不敢确认，一再提醒自己都是错觉，主要是少女的自尊心让我怕会错了意丢脸。

刚刚认识，还没来得及熟悉，他就突然转学了。那个时候联系不像现在这么方便，所以我们就靠写信，差不多一个月一封。因为见不着面,也没有进一步发展。

我们还是挺有缘分的,高三的时候,又一次在上海淮海路偶遇。我和我同学,他和他同学,大家都在逛街,本来只是擦肩而过打了个招呼。没想到过了一会儿,他一家一家寻了几个店找到我,拿着新买的衣服问我:"我穿这个好看吗?"

偶遇之后我们就交换了家里的电话号码,周末会打电话聊天,他特别幽默,在电话里基本都是他说我听,上大学后我们很自然就在一起了。

其实如果看这些美好的层面,我们的感情还是很不错的,婚前婚后,甚至到离婚前,我们两个在一起都非常开心,总有说不完的话。我们彼此特别懂对方,普普通通的事情或者日常聊天,我们都能逗得对方哈哈大笑。结婚几年,只要他在家,我的心情就会特别好。他对我也非常宠爱,总是宠溺地看着我,而且我们夫妻生活特别和谐。

即使现在我们分开了,也不得不承认他是一个很有魅力的人。但是我知道,我们永远也不可能在一起生活了,因为我们的"三观"实在不一样。

以前我都不知道什么叫"三观",现在懂了。

说说我们的矛盾点吧。他太受欢迎了,以前的很多女同学到现在还喜欢他,不同年级、不同系的都有。工作之后,总有人倒追他,还有女老板上赶着给他花钱、送东西,所以这些年,他身边一直不缺女人。

谈恋爱的时候我没发现他这么招桃花,因为我们也就周末约会,他都表现得很好,对长辈也好,我们两家人都很满意。

而且他家境非常优越,是很不错的结婚对象。我条件也不错,父母是单位领导,我硕士毕业后做了一名记者,两家应该是门当户对。

可能我这辈子能够遇见他,能够和他相爱,就已经花光了所有运气吧。婚后虽然一切正常,但是我总觉得抓不住他,总感觉哪里不对。后来的事实也让我知道,我确实没有抓住他,他就是典型的风一样的男子,不可能有任何一个人抓住他。

结婚后，我们为了吃饭方便，大部分时间住在父母家。他是开公司的，作息时间是夜里三四点钟睡觉，中午12点后起床，所以有时候时间不合适，他就不回来，住回我们自己的小房子去。

我有时候也会回去住，但是总感觉我回去之前，房子被他刻意收拾过。他还常常莫名地失联，比如出差两三天，怎么打电话都不接。或者白天也经常会联系不上人，过后他才打电话来说自己睡着了、在谈事、手机落在车上了、在跟人吵架……很多理由，他说什么都像真的一样，特别诚恳。

后来，不知道是有人故意还是无意，我在我们的房子里看见了一些女孩子才会用到的东西。最开始，他说是给公司定制的礼品样品，我就信了。可是慢慢这种事情多了之后，我就渐渐地产生了怀疑。有一天趁着他洗澡，我打开了他的手机，发现他正在和一个初中女同学商量当天什么时候见面约会，言语特别暧昧、亲昵。

我一生气就颤抖着把那个女生给删了。他洗澡出来就立刻发现了，然后就冲着我发火，问我凭什么看他手机还删人,是不是太过分了。那天我们大吵一架,我气得摔门走了,可是他也没有哄我。

第二天他给我打电话,嬉皮笑脸就像什么都没发生一样,也不解释,直接跟我说公司发生的趣事,然后说前一天忙到半夜,就没有联系我。

又一次,我帮他整理出差的箱子,结果发现两个人的机票,除了他,还有一个女孩的名字,另外还有一些逛商场买衣服的发票。这个女孩的名字很陌生,不是他初中那个同学。

之后,我就去网上关注了他的微博,结果发现经常跟他互动的不止一个两个女孩。女人认真起来都是侦探,我顺着蛛丝马迹找到了好几个女孩的微博。有人专门为他开了一个博客,写下每次和他约会的感受,看得出来,那个女孩也是真心爱他。

我真的快崩溃了,因为一开始我以为只有一个初中同学,我整天研究怎么把那个人赶跑,还在想要不要联系对方的老公。但是此时我才发现根本不知如何下手,因为不是一个人,而是三四五六个。

后来我就开始整天疑神疑鬼，只要我们没在一起，打电话他又不接，我就会想，他又约了谁去家里？我越来越不安，有几次上着班，或者开会时领导在讲话，我觉得我必须回家，就直接打车往家赶，结果发现他还没起床或者根本没在家。但是当时如果不赶回家，我什么都做不了，完全不能静下心来。

那两年我也想过，假装一切都很好，日子也能过下去，而且过得还不坏。因为他总对我说："我是很爱你的。我跟别人怎么样，跟你没关系，你只要知道我爱你就行了。"但是这些事情我一闭眼就都在脑子里过电影，我想象他和别人在一起的样子，整夜整夜失眠，有时候哭，有时候焦虑。很多时候也不知道怎么办好，我像祥林嫂一样，经常找我的几个闺密哭诉，她们都说这样的人就放弃吧。但是我那时候钻牛角尖，就觉得我不能先放手，不能便宜了别人，一定要把他抢回来。

那段时间我心态特别不稳，干过很多傻事：给他的车安定位器，整天研究他的路线；在微信走路小程序上看他每天走了多少步；买了微型摄像头安在床头……总之花了很多钱，只要能给我心理安慰的，只要对方说能够帮我们修复感情的，我花多少钱都不心疼。

我过得有如行尸走肉，他在家里安心待两天，我就会很开心，觉得他终于回心转意了。过一两个月在家里又发现女生的丝袜、口红，我就又崩溃了。每次坐他的车，或者回我们的小家，我都很害怕，怕发现一些不想看到的东西。

如果不是爷爷离世，可能到现在我还在跟他纠缠吧。那年，我最爱的爷爷住院了，一个月后就离开了。我非常悲痛，我后来常常想，在爷爷离世前三四年，我都做了什么？我整天关注他的行踪，给他的车安定位器，研究他的微信步数，在微博寻找蛛丝马迹，去观察那些女孩的生活动态，甚至在网上和那些女孩对骂。

那几年我回去看爷爷的次数屈指可数，大部分是在春节或者小长假这种日子。其实我和爷爷家住得很近，只有两三站地，但是我所有空闲下来的时间都在研究他，研究"情敌"。爷爷总跟我说："你忙你的，不用老惦记我。"直到爷爷离世才让我醒过来：我在忙什么呀？我的时间为什么花在那些不值得的消耗自己的地方，我成了什么样子？

想明白之后，我向他提出分手。他以为我和以前一样就是闹一闹，因为他觉得我离不开他，过一两个月肯定会回头。但是那次我没有，过了两个月见面谈，我还是坚决要分开，他慌了。他一直挽留我，告诉我他多爱我，对我和对别人不一样。

我相信他说的是真话，也相信他爱我，但是他的爱一文不值。

我终于知道了，原来人和人的世界观可以完全不同，我觉得爱必须是一对一的，是排他的。而在他的世界里，我爱你、你爱我就够了，我和其他人怎么样，跟你不相关。

现在我们分开已经四年了，我逐渐又找回了自信心，追我的人非常多。当然，我不可能再像爱他那样，花那么大力气去爱别人。我已经成了一个成熟的人，不矫情、不纠结、情绪稳定。谁也不知道，我曾经经历过怎样的伤痛，才换来现在的平静和淡然。

避坑指南

很多人都说要及时止损,但能做到及时止损谈何容易。大家都会掉眼泪,都是普通人。所以没能及时止损,自伤甚至犯傻,过后也不必过于自责。

"三观"不合的人很难真正相互理解。尤其是对感情,我们要在恋爱时对一对彼此的标准。

1. 双方对出轨的标准是否一致。不要想当然地认为大家都有相似的道德标准:有人认为身体出轨、精神没出轨就可以;有人认为精神出轨不算问题;还有人认为没有提出离婚,按时给家里钱就是负责任。所以这方面一定要在恋爱期就达成共识,否则婚后一旦遇到,就面临分崩离析的大问题。

2. 观察对方的朋友。一般情况下,朋友之间的价值观是相似的,看对方朋友的忠贞程度,就能够大概知道这个人的品质和道德底线。如果他的朋友个个对女朋友专一，那么他大概率错不了，反之亦然。

3. 日久见人心。没有一定时间的相处，是很难了解一个人的"三观"的，永远只会停留在表面以及自我想象中。比如，看到外表帅气的男生，会觉得对方一定非常好相处。其实，你看到的不一定是真相。

"三观"合不合，往往需要相处一段时间或者遇到一些事情后才能发现。因此，在进入婚姻之前，多沟通交流一些深层次的问题，比如恋爱观、性观念、金钱观、人生观等，是非常重要的。

4. 发现的确不合适要学会及时抽离。"三观"不合，会造成很多深层次的矛盾，这和生活中的小吵小闹不一样。如果对方没有任何想沟通折中的情况，还极力想让你改变，要慎重和对方建立亲密关系。就如本文中的当事人一样，根本无法忍受的分歧下，不分开又能怎么办呢？这个时候能尽早抽离是最好的。否则保不准连自己的职业生涯、身体健康都要搭进去。

永远不要忘了，我们是为了幸福才恋爱、结婚的。

两个人在一起要比一个人的时候更幸福才对，如果爱一个人反而让你觉得委屈、伤心、怀疑自己，那么不如不爱。

因为生活琐事离婚的比例，
竟然超过出轨等原则性问题。

是鸡毛蒜皮 是互不相让

生活没有完美,需要互相理解与不计较

口述:欢欢(女,30岁)

我是通过相亲认识我前夫的。23岁大学毕业进入事业单位之后,很多领导给我介绍对象,因为我各方面条件都还行,所以我前后一共和20多位男士相过亲。对方对我都比较满意,但是我对那些人没什么感觉,直到遇上了我前夫。

我是看起来白白净净、特别文静的那种女孩,但其实我内心是挺大胆奔放而且比较逗的。我前夫是一个理科博士，看起来沉默寡言，其实也有一个有趣的灵魂。所以约会结束之后，我发现我们特别合拍。我们聊天基本上不会冷场，互相都懂对方，很多特别奇怪的俏皮话对方都能接住，就觉得真的挺难得的。

我把他带给我的几个闺密看，大家都没觉得这次能稳定下来。毕竟我前面也带过一些人给她们看，看起来都比他好。他说话特别直，长得也不帅，但是相处了一段时间，我们两个彼此觉得挺不错，就见了双方家长。他是博士，工作不错，也买了房，我家条件也不错，所以双方父母都很满意，第二年我们就结婚了。

结婚时我25岁、他27岁，玩儿倒是能玩儿到一起去，但是可能我们都太年轻，对婚姻生活又严重估计不足，所以结婚后我们小吵不断，隔几天就大吵一次。结婚三年多的时间里，没少麻烦我闺密。因为我们动不动就吵得不可开交，要么我就跑到闺密家去躲着，要么我们俩就一起去找人家给评理。我的朋友们都习惯了，我们这对总吵架的夫妻成了人家家里的"常客"。

但是说来也真是不好意思,每次我气哄哄地跑出去,跟我闺密说"今天我不回家了,住到你那儿去",人家问我为什么吵架,我都说不出什么理由,因为全是一些鸡毛蒜皮的小事。有的时候我们吵架吵得很凶,但是为什么吵架,连我自己都想不起来了。

就说有一次吧,周末我好朋友在外面逛街,我打电话问她在哪儿,然后就开车跨越半个城找她去了。见面之后,我跟她说我已经订好了宾馆,这两天不准备回去了。朋友问我为什么吵架,我开始不想说,就说没什么大事。到后来人家陪着我吃饭、喝咖啡,折腾一晚上,还安慰我,我只好告诉她是因为一碗剩饭的事儿,她哭笑不得,说真不值当。

说实话,别看是些小事,在别人眼里有些可笑、小题大做,可我们自己真是气得心肝肺都疼,这里边的别扭只有自己知道。那天周末,中午我们俩吃了饭就睡午觉了。下午我先起来,发现冰箱里的剩饭和剩菜只够一个人吃的,我就好心想留给他吃,自己煮了点面条。他起来之后,一看给他留的是剩饭,就立刻不高兴了,说为什么让他吃剩的，又接着说，家里的剩饭总是他吃，我这人就是典型的公主脾气，从来不吃剩饭……

我一听真的气不打一处来，他就是被他妈妈伺候坏了，少爷脾气。我可不惯着他，我自己就吃了点煮面条，给他留剩饭怎么了？还不能吃剩的了？而且他还说什么"总是"让他吃剩的，那我还想吃剩饭呢。

我们俩就这么你一言我一语地吵了起来，到最后气得我把剩饭倒了，他也特别生气。当时我真是委屈得想哭，觉得这日子没法过了，之前在家谁受过这气啊，他一个大男人丝毫不知道让着我，斤斤计较，我就开车"离家出走"了。

像这种小事真是多得数不清。比如，两个人都上床玩手机，之后谁起来去关灯？赶上两个人都较劲儿的时候，互不相让不说，还会翻旧账。他就喜欢说"老是我去关，昨天就是我"。我就觉得你一个大男人关个灯怎么了，能少块肉吗？两个人每次都是互不相让、针锋相对，有时候说着说着就吵起来了，我气得踹他一脚，他拿胳膊顶我一下。别看只是关灯这么一件小事，那时候就会觉得自己嫁错人了。

我知道很多人肯定觉得,就这些小事至于吗?确实,要说大矛盾我们还真没有。但是你想想,生活中哪有那么多考验"三观"的大事,每一天的日常不就是这些鸡毛蒜皮的小事吗?如果这些小事总是让你难受,总是硌硬着你,那这日子真是过不下去,疙疙瘩瘩的。

而且这些小事伤感情的地方就在于,两个人越来越斤斤计较、互不相让,谁多干一点都觉得吃了大亏。这跟对方还哪儿有感情啊,就跟住在一个屋檐下的敌人似的。有时候,我们还会故意气对方,比如,刷碗只刷自己的,洗衣服只洗自己的,把对方的衣服从洗衣机里挑出来,觉得这样很解气。还有的时候看电视,他想看体育频道,我就非得换台看综艺节目。其实我也不是那么想看,就是想和他较劲儿。

以前谈恋爱时,他给我讲他专业的那些问题,我特别愿意听,觉得他好厉害啊,甚至还很崇拜他。他说到工作中人际关系的困难和问题,我会为他着急、打抱不平,觉得领导和同事都嫉妒他。结婚后,他偶尔想说说单位的事，我压根儿不想听。我觉得他干什么我都不感兴趣，而且他跟同事和领导相处不好，是因为他自身的原因，他被家里惯坏了。

反正到最后，我们真的没办法生活在一个屋檐下了，彼此看对方都面目可憎，没有温情、欢乐的时候，总想斗一斗。还是和平分开比较好，毕竟我们还年轻，没必要坚持这个错误。

避坑指南

小事见生活。细微之处的日日感受，决定了人的幸福指数。离婚登记处曾经公布的数据显示，因为生活琐事离婚的比例竟然超过出轨等原则性问题。

所以谈恋爱时，我们要看如下几点。

1. 双方在小事上能不能合拍。我们结婚的时候，总会宣誓爱情和决心："无论顺境或逆境，富有或贫穷，健康或疾病，我将永远爱你。"但是结婚后，这样巨大的考验很少出现，每天考验我们的，无非就是马桶冲完水掀不掀马桶圈、用完剪子是不是放回原处之类的小事。

这么小的事，很多人不放在心里；或者觉得，我不做你就做呗；还有人觉得，我在外面叱咤风云，你跟我说这种小事我怎么记得住……可是生活的耐心往往就是被这些不起眼的小事一点一点耗尽的。今天我可以帮你把牙膏、牙刷收拾好，这样做一个月、一年也可以，但是可能有一天，我再也不想做了。

2. 对方有没有妥协精神。或许很多处于婚姻关系中的朋友都有类似的困惑，很累、很烦，经常争吵。只是一件很小的事情，为什么能吵到要离婚的地步？

因为婚姻是日复一日的相处，它与我们和同事、朋友的关系都不一样。跟其他人，我们可以求同存异，而婚姻不是，它是日日厮守，那些两个人之间的"异"，处理不好就是日日折磨。这时候是否有人愿意妥协、让步，就非常重要。遇到不同之处，今天你让一次，明天我让一次，日子才能在相互退让中继续。

3. 对方有没有包容精神。很多时候，婚姻中吵架的那些小事不重要，吵架的胜负才重要。这时候，吵的根本不是具体问题，而是情绪。这就是典型的小问题、大情绪。

所以，我们要在关系开始的时候，学会觉察自己的情绪。能够在对方有情绪的时候，选择包容和理解，很多事就过去了。

  其实，每个家庭都很相似，都有矛盾，那些过得幸福的夫妻，无非就是你包容我，我让着你，然后不计较地把日子过下去。生活没有完美，只有包容、理解、不计较。

卧室变成会议室，
会严重影响亲密关系。

一家出了两个"大王"

一切影响感情的事,及早叫停

口述:老闫(男,48岁)

我和我爱人,都是各自家里的老大,从小能力就强,到了工作单位也是一把好手。20世纪90年代初刚分到单位时,我们俩在一个办公室,那会儿我们看对方干活都挺痛快的,彼此欣赏,后来在同事撮合下就在一起了。

开始几年没问题,我们都是做销售的,绩效完成得好，提成拿得也多，结婚前我们就一起买了房、买了车。90年代末，我们单位不景气，我们俩一想自己反正也有点能力，就买断工龄出来单干了。

最开始我们什么都干，先是从广州那边进服装，然后在地铁口和一些市场上卖。那时候从广州进牛仔裤，5元钱进的能卖三四十元，一天下来就能挣上千元钱。

攒了点钱之后，我们就在大兴开了一个小卖部。要说我们俩真是卖什么都旺。我们那个小卖部在那片是生意最好的，熟客多。很多人觉得我们热情、随和，都大老远跑这儿来买东西。那会儿我们俩真是起早贪黑能吃苦，还为人活络能交朋友。

要是一直开夫妻店，没准我们俩还能干得不错，两个人互帮互助，劲儿往一起使，生意一直红红火火的。但是后来我们看生意不错，跟周边的公司和企业也都有了一些良好的关系，我们俩就成立了一家公司。

刚刚拿到公司营业执照的时候，我们俩别提多高兴了，兴奋得一晚上都没睡觉，觉得凭着我们俩的能力，一定能够闯出一番天地来。

我们的业务主要是给周边企业提供办公用品的配送,各种办公用品包括饮用水,我们都签了长期协议。我们俩做事实在,而且正好赶上亦庄开发区的飞速发展,我们的公司也越做越大,给很多有名的公司供货。

前头不是说了吗,我们俩各自都是家里的老大,我们觉得自己的公司开得不错,反正也要雇人,就应该照顾一下各自的弟弟、妹妹。再说自己人用着也放心,所以就把我的弟弟、妹妹和她的妹妹、妹夫都招进了我们公司。

别看我们这个公司一共就七八个人,但是想做主的就好几个,每个人都觉得自己有亲戚关系,想在这个公司说了算,指使别人干活。我们俩前期已经把各个公司的关系都稳定下来了,基本上自家亲戚就是维系这些公司客户的关系,给人家提供服务就行。但是我的弟弟、妹妹都觉得她给自己妹妹安排对接的公司活少好干,进货额度还大,嫌我在公司不能做主。回到家我就跟她提,以后各公司的分配,到年底是不是可以轮换一下,让大家都接触接触。她听了坚决不同意,她说客户关系要想维系得好,就得人员固定,长期关系更加熟悉和稳定。她还跟我说,我弟弟、妹妹太懒,毛病多。

没过多少天,她妹妹跟她反映,我弟弟、妹妹老是迟到早退,干活不认真,客户提的需求老是第二天才给办。她说让我多提醒提醒,活不能这么干。但是我弟弟、妹妹得接送孩子,他们的个人情况我最了解,没法给他们提要求。

就这样,我们俩为了照顾自己的弟弟、妹妹,当好这个老大,就各自出去努力谈新的客户。她谈下来的给她妹妹,我谈下来的给我弟弟、妹妹。我们两个人渐渐从原来的合作伙伴变成了独当一面。但是客户圈总共就这么大,有些还是多年的老客户推荐的,所以有时候一些目标客户,我们俩甚至瞒着对方先去拜访。

虽说公司是我们俩的,但是大家好像都有了私心,都想自己多谈一些业务,自己在公司里有更大的话语权。尤其是过年回家,父母问起弟弟、妹妹在我的公司干得怎么样,问公司是不是我做主,让我更觉得应该在公司多一些话语权。估计她回到家面临的也是这些问题。我们就是从小都背负得太多，总觉得自己对弟弟、妹妹有照顾和负责的义务。而且我们都好强，都觉得在公司里自己应该做得更好。

这么维持了三四年，公司虽然还是一家，但是我们早就各干各的，互不干涉，也不帮忙了。回到家里，我们也没什么可说的，谈公事彼此防着，谈家事又生分。尤其是弟弟、妹妹经常在老人面前说嫂子不好，老人对她也有了成见，过年过节难得聚一次，也不愉快。

后来，我们把公司业务拆分，客户也重新分了，离婚和公司解体同时办了。其实挺可惜的，如果早知道会这样，就不该把自家人带进公司。

避坑指南

其实光共同创业这一件事就非常复杂。虽然有一些情侣、夫妻共同创业成功的经典案例，但如果夫妻、情侣一起创业时产生了嫌隙，不但影响事业，还会影响情感和关系。通常，将情感和事业放在一起，会让夫妻、情侣关系变得更加复杂。如果恰好两个人是同行、合作伙伴，在一起创业前请慎重考虑以下问题。

1. "约法三章"，公事公办。共同管理一家公司，就是同事和战略伙伴关系，这时候谁说了算，谁承担更大责任，如何权责分明，都需要非常清晰。

可有时感情恰恰是笔"糊涂账"，感情里没有对错。这两种完全不同的关系混在一起，很容易产生说不清、道不明的困扰。比如，在本该清楚明白的商业关系中，一方突然要讲人情，或是撒娇耍赖。所以合作之前最好双方都有过相关经验，具备职业素养，对开公司所要面临的各种情况非常了解，从而提前"约法三章"，以职业身份来处理公司各项事务，或许能够形成强强联手，产生"1+1＞2"的效果。否则，一定要慎重考虑，不要盲目合作。

2. 不要牵扯更多关系，比如拉上各自的家人、朋友。本来情侣关系就需要花力气处理和淡化工作中的矛盾，再加上家人就更复杂了。就像上面案例中，公司管理本来有章可循，却因为照顾家人而一再破坏规则。或者相反，在本该讲情分的时候却板起脸来说利益，比如过年时一方要孝敬父母，另一方却说效益不好，没有资格拿钱，情况很多、很复杂。我们都知道，不能和熟人一起做生意，就是因为熟悉的关系一旦掺杂利益，就更复杂，有时候反而对感情不利，让本来良好的关系分崩离析。

3. 家事、公事分清楚。在家里尽量不谈公事，在公司尽量不谈私事。比如，情侣在公司里是上下级，一方完全听从另一方，那么这种关系不能带回生活中，造成两人关系的不对等,甚至是双方父母、家人地位的不对等。另外,在家里不要商讨公司的事,否则家所带来的温情、放松的感觉就会大大减少。卧室变成会议室,会严重影响亲密关系。

此外,从家庭财务安全角度考虑,如果夫妻共同进入一个行业,会让家庭财务状况严重依赖于行业发展前景,增加风险指数。

大家都是成年人，
要对自己的行为负责。

如果不赌博，他是个好丈夫

原则问题，及早止损

口述：琪琪（女，40岁）

我已经离婚六年了，估计很少有夫妻像我和我前夫离婚时那样，两个人都那么难过。离婚前一个月，我们两个人经常抱着哭，但是又知道必须得离婚，没有办法。

因为他迷上了网络赌博，欠下一屁股债，如果不离婚的话，我和女儿的生活开销都没办法保证。离婚后，债务他一个人承担,我的工资足够我和女儿生活,所以为了孩子,我们两个虽然很舍不得,还是忍痛离婚了。

可能很多人会很好奇,既然他很爱我和孩子,既然他舍不得让我们颠沛流离,那么不赌博不就好了吗?

其实开始几年我也抱着这样的幻想,我总觉得他知道错了,他已经输了那么多钱,一定会收手的,一定不敢赌了。但是现在我才知道,人一旦沾上了赌博,真的很难戒掉,他的心里好像有瘾一样。婚内那几年,我的心情可以说是大起大落,隔一段时间就坠入深渊。

我和他是高中同学。高中毕业后我在国内读大学,他出国留学。那时候我们不是恋人,但是时常电邮来往,一直没有断了联系。他留学回来之后,就开始追我。当时追求我的同学特别多,因为我属于长相比较甜美、性格也很乖巧的女生,邻家女孩型,所以很受男同学们的喜欢。

我选择和他在一起,考虑得也比较成熟。一方面我们高中的时候对彼此印象就不错,这么多年联系下来两个人交流得都挺好的;另一方面是因为他家条件也非常不错，在南京有好几套房。我记得结婚前我把他的情况告诉发小，说他留学回来正在创业开公司，发小听了特别为我高兴。

结婚后，我就渐渐淡出了朋友们的圈子，他们都以为我过上了特别清闲的有钱生活。刚结婚的时候确实如此。结婚前我们装修了一套东二环的房子，90多平方米，全是科技家电，两个人住特别舒服。结婚后我们又把西二环的一套200多平方米的复式房装修了一下，光装修费用就能顶别人买一套房，我们计划等生了孩子住这套大房子。

我在一家网络公司做人事工作，收入还可以，能正点上下班。他一直在家创业，所以居家的时间长，我也没有具体问过他的公司是干什么的，只知道他整天在网上研究资讯。其实那时候他就已经接触了国际上的赌博网站，只不过输赢不大，也就几万元或者十几万元，他找父母帮忙大概能填上那个窟窿，所以我一直被蒙在鼓里。

结婚一年半多不到两年的时候，有一天晚上，他突然特别严肃地要跟我说件事,然后他就说他赌博欠了200多万元,一个月之内必须还上,所以得把我们住的这套90多平方米的房子卖掉还债。我当时以为他跟我开玩笑呢,哈哈大笑说:"好呀,卖了呗!"没想到他表情特别沉重,然后就哭了起来,跪在我面前请求我原谅他。

他自己已经煎熬了好几天,只能用这个办法。当时我头脑一片空白,我不知道是在演电影还是真的,还是怎么样,整个人都是麻木的。

卖房子筹钱也不是那么快的事,为了让买家一次性付款,我们是把房子以低于市场价好几十万元出手的。中介都说买的人真是赚到了,因为我们的婚房还很新,装修又好,装修的钱全打水漂了。

那次的事,说实话是我从小到大第一次经历的重大事件,但是好在我们还有一套大房子住,而且他家底也不错。他父母狠狠训斥了他,他也一再跟我和他父母表示要痛改前非、好好工作。我决定相信他,继续过好我们的日子。

我这人心挺大的,过去了就过去了,也没有一直唠叨。我们搬进复式房之后,我很快就怀孕生宝宝了。那一年我们过了一段幸福的日子,生活有期盼,我也觉得日子越来越好,一切都步入正轨。

但是,惊吓并未停止。宝宝几个月大的时候,一次回他家吃饭,他爸妈无意中说漏嘴,我才知道这一年多他没停止赌博,每次欠个十几二十万元,他就让父母帮忙解决了,因为怕我着急,所以大家都瞒着我。

那顿饭我吃得特别沉重,一种特别不好的感觉把我整个人都冻住了。吃完饭我抱着宝宝跟他回家,一路上我一直掉眼泪,他也不说话。

这次之后,又好了一年多,中间他说找了份工作开始上班了,我挺高兴的。他挣多少钱无所谓,我就希望能有份工作让他安定下来,让他把心思放在其他事情上。其实风平浪静之下,我总是有点惴惴不安,但是我觉得生活得往好处想,我想过好日子,他一定也是。

可后来,又一次出了大事,他再一次痛哭流涕跪在我的面前,据他说,他欠了200多万元,但是高利贷利滚利已经快 300 万元了，如果一个月内还不上，放高利贷的人就要来卸胳膊卸腿了。我又害怕、又着急、又伤心、又难过，就这样我们"轻车熟路"，在一个月之内又把西二环那套复式大房子卖了。这套房子户型大、总价高，只卖了很低的价钱，低于市场价 100 多万元。当时我有心卖给自己的朋友，因为谁买谁就赚了，但我实在不好意思。

两套房子卖了之后，我们只剩下一处比较破的小平房。因为他还有个哥哥，父母给了他哥哥两套房，所以也没有家底给他折腾了。到后来他父母彻底灰心了，对他说，你就是去外边要饭也别回来找我们了，我们实在帮不了你了，我们自己还要活命呢。

这次卖房之后，我们的婚姻也名存实亡了。我们两个还爱着对方，但是一直这样的话，日子确实没有办法往前走。我时常感觉自己好好走着路，却不定什么时候就会掉进一个大坑里。

我们离婚那年，他又欠了一屁股债，具体多少我也不知道，就记得当时他说必须离婚，要不然我和孩子不仅无家可归，还要跟他东躲西藏。

看着当时才三岁多的女儿，我们两个真的特别舍不得，但是没有办法，我们很快就去办了离婚。协议写明所有的债务都归他，我和女儿为了安全，住回了我父母家。

那之后，他消失了很长一段时间，可能为了躲债吧，据说都不在北京。他跟债主说，我们已经离婚了，所有的事情跟我一点关系都没有。其实要债的人也知道，但是因为找不到他，要债的人有时候会去骚扰他母亲，有时候会到我和孩子住的地方用红色油漆在整面墙上乱涂乱画。每次我都要请人刷楼道的墙面。

女儿四五岁的时候，认得了一些字，看到墙上爸爸的名字就问我："妈妈，为什么墙上都是爸爸的名字呀？"我都不知道说什么好。

但是我从不在孩子面前说他爸爸不好。因为我知道他本质上不是一个坏人，或许赌博就是这样一种让人控制不了的行为吧。这两年，他偶尔联系我，我就让他和孩子一起吃个饭。他过得怎么样我并不清楚。

我现在一个人带着孩子生活。离婚的时候，我只有一辆自行车，就每天骑车送孩子上幼儿园，但是为了让孩子开心，我一边骑车一边唱歌，孩子很高兴。这几年我靠着自己的收入，除了养孩子，又买了车，生活越来越好。我已经成了一个很坚强的单亲妈妈。我妈每次看我带着孩子傻笑傻闹的时候，会忍不住说，你心可真够大的。我说，那不然怎么办呢，生活总要过下去啊！

避坑指南

研究发现,赌博成瘾者脑功能是异常的,与吸毒者近似,治疗主要靠行为矫正,必要时可辅以药物。一些人看似短期内症状缓解了,可一遇心理压力就会忍不住又犯。当事人自己也很痛苦,但就是没有办法。

我们如何识别这类人呢?

1. 看对方的生活有没有价值感。沉迷赌博是有很多种原因的,比如,为了逃避现实的苦闷,为了寻找存在感。这就像有些人喜欢打游戏一样,是在游戏中寻找存在感。这些人为什么在现实中找不到存在感呢?其中原因很多,也许是他没有追求和爱好,也许是环境把他逼成这样的,也许是他从小受到父母的唠叨、埋怨,导致一直没有自信心,只能逃避现实生活。

2. 看对方有没有责任心。有强烈责任心的人,会对家庭和孩子负责，不会主动卷入这种会给家庭造成重大危机的事情。

3. 看对方的家人。有时候家风会在这些重大问题上有所体现。喜好赌博的人，他的父辈或兄弟可能也喜欢，他虽然知道这种行为不好，但是也会深受影响。

4. 不管是处于恋爱期，还是已经走进婚姻，若发现对方有类似不良嗜好，都要及时止损。否则，被高利贷追债不仅会影响正常家庭生活，甚至会影响子女的成长。

大家都是成年人，每个人都要对自己的行为负责，如果一个人连最基本的行为准则都无法遵守，那么他就不配为人伴侣，不配为人父母。

别做"烂好人"，我们永远救不了别人。

人都是往前走、向前看的，
我们没有自己想象中那么长情。

受不了他的初恋情结

过去淡而化之,创造新的记忆

口述:小冉(女,30岁)

其实每个人都有初恋情结,在心里都会觉得初恋特别纯洁、特别美好,这一点我是能够理解的。所以谈恋爱的时候,我没有把这件事太放在心上。可结婚之后,他总提前任,尤其是总在一些特别不合时宜的时候提,甚至拿前任和我比较。他用心目中的美好印象和我们的现实对比,肯定会觉得我不够好。老是这样,我真的受不了。

我觉得生活中总提前女友的男人很傻。当然，刚谈恋爱的时候，彼此确实需要坦诚。刚认识的时候，我也问过他之前的恋爱经历，当时他很诚恳地跟我说，他之前只谈过一个女朋友，谈了四年，从高中一直到大四，虽说学生时代的感情没有多么深厚，但是时间比较久，两个人一起到外地同一所大学读书，所以有很多共同经历。

大学毕业，他想来上海发展，可是女朋友不愿意离开家乡，这样才无奈分开的。他在上海发展两年之后，各方面都稳定下来，还给前女友发过信息，邀请她到上海来工作，然后他们可以结婚。但是前女友放不下自己的父母，所以还是拒绝了他。

我们是在他毕业三年的时候认识的，当时我们聊过怎么看待前任的话题。他跟我说，那毕竟是自己人生的一段经历，肯定会一直放在心里，我觉得也正常。而且他还说，不管什么时候，只要前女友需要，他都会尽全力帮助。

这话我当时听起来有点不舒服，但是他说："你想，我和前女友在一起五年，一起到外地读书，两个小孩在陌生城市互相关心照顾，已经成了亲人，所以她有困难我肯定是想帮助的。再说，你一定也想找一个有责任心、重感情的人。如果我说她以后给我打电话，我接都不接、理都不理，你听了是不是也觉得担心啊，担心以后我对你也这样绝情。"

我想了想觉得也有道理，他也算是个重情重义的人，而且他们都分开很长时间了，不在一个城市，也没什么。相处了一年，我们就结婚了。

当时我们收入都不高，开始是一起租房，后来两个人凑钱买了一个小公寓。厨房装修的时候，他选了粉色的厨柜，挺好看的。当时我挺好奇，因为很少有人把厨房装成粉色。我们住进去之后，有一天，他突然说起，他前女友以前一直说，以后想要一个粉色的厨房，在里面做饭，觉得很浪漫。

我一听，合着不是为我装修的厨房，心里的火腾地就起来了。然后他解释说，因为他不太懂女孩的心理，所以觉得前女友喜欢什么我也会喜欢什么，这事儿吵了一架就过去了。没想到后来他提到前女友的一些场合，更让人生气。

有一天晚上，我们两个躺在沙发上看电视剧，他搂着我，我的手下意识地在他胳膊上划来划去，他低头看了看我，跟我说："你和她真的好像，她以前也会这么摸我，也是这样轻柔。"那一刻，我的手悬在半空中，落不下去了。他笑着问："怎么啦，吃醋了？"我那会儿的感觉不是吃醋，是特别硌硬，我的手就那样僵在半空中，不知该怎么办。在这么亲密、温馨的时刻，他突然提起别人，我当时眼泪一直在眼眶里打转。

还有一天，我们两个睡午觉，醒了后我就转过身给他按摩头、脖子、后背，我觉得夫妻之间这样做挺有情趣的。按完之后他也给我按，边按边说："以前她也经常给我按。"

我真是受不了他在这些时候提到前女友，让我很难不脑补一些很亲密的画面。而且我都不知道我给他按摩的时候，他的心里是觉得我好，还是在回忆和前女友的那些温馨画面。

更关键的还有两件事。

一件是我们结婚后一年多,他前女友在老家发展得不太好,公务员没考上。他听同学提起,就给前女友发信息,说可以到大城市来试试,没必要困在三线城市。之后他还准备了一些钱,想前女友来了之后帮人家租房。你说可气不可气,前女友就是真来了也得靠自己啊,我们凭什么给她租房啊,我们自己还省吃俭用还房贷、攒钱买车呢。

另一件就是他有初恋情结。他前女友高中就跟他在一起了,考上大学之后一起租房生活。前女友跟他是第一次,所以他很珍惜,也一直觉得人家是好姑娘。我大学期间也谈过恋爱,毕业后自然也有亲密行为。提到这件事,他就说:"你看你,还'自然'。人家真正保守的姑娘,根本不会这样。"你说他是不是"双标"?!

后来我想,得了吧,也别整天被比来比去了,我自己条件不错,也有很多人追我,干吗受这份气啊!关键你跟一个回忆里的人比,怎么也比不过啊!而且我还会隐隐不安,万一哪天他初恋想通了,愿意来上海了怎么办？

之前是因为人家不愿意，他没办法，要是哪天对方一点头，他再把我扫地出门，我怎么办？所以我还是找一个踏踏实实跟我在一起，没那么多初恋情结的人吧。

避坑指南

初恋情结指对初恋难以忘怀。这种情愫很常见,其实不分男女,都会有。心理学有一个概念叫"未完成情结",就是人们对已完成了的、已有结果的事情极易忘怀,而对中断了的、未完成的、未达目标的事情总是记忆犹新。

适当念旧是好事,但是如果过度,影响到实际生活,就很不可取。在与一个人建立亲密关系前,我们要关注以下几个问题。

1. 他会不会过度美化记忆。对于初恋,人们难以忘怀的不是某个具体的人,而是初恋带来的那种情感体验。人们对初恋的适当美化,某种程度上是在怀念自己的青春年华。谈到初恋时,要看对方能否客观评价。每段恋情都有好与不好的地方,不够理智的人会将初恋描绘得过于美好，甚至觉得无法超越。

2. 他能不能分清回忆与现实。其实初恋情结并不可怕，因为大部分人能够分辨意识与现实。过去的事情就放在回忆里，过好当下。

但是有一些人分不清想象与现实，以为回忆中的东西是一成不变的。有新闻说，一位年近古稀的老大爷偶遇初恋，心中爱火重燃，回家就要求和老伴离婚，净身出户。可是等他离完婚去找初恋，初恋直接拒绝了他，而且见都不想见。

这就是分不清想象与现实，以为对方和自己都不会变，而其实一切早已时过境迁。

3. 看对方有没有放下。初恋可以提，但是当作一段故事即可，越平常心越好。不把过去的经历和遗憾带到现在的生活中，是一个成年人应该做到的。有些人觉得初恋是心中不能触碰的地方，终身抱憾或者意难平，有些人把初恋带到现实生活中，作为标尺衡量身边人，都是没有放下的表现。

初恋虽然美好,但是成熟的感情必然是有烟火气、实实在在的。我们总以为自己重感情、忘不了初恋,但其实多年过去,初恋在我们心里早就成了一个概念,并在想象中进行了美化。人都是往前走、向前看的,我们没有自己想象中那么长情。现在的、身边的、你正拥有的,才是最好的。

适度差异能够带来新鲜感,
差异过大,就是"心塞"了。

她为什么总买买买

消费观要相互看齐，尽量找平

口述：建海（男，29岁）

现在我总算不用担心工资月月亏空，总是手头没钱了。

我前妻跟我一样在报社工作，她是四川人，长得漂亮，性格活泼开朗，而且收拾屋子、做事都挺麻利的，我一看就感觉她是过日子的好手。我们谈了不到一年恋爱就结婚了，她就是我心目中贤惠媳妇的样子。

谈恋爱的时候，每次我们出去吃饭，路过一些小店，她总喜欢进去逛一圈，每次都会买些小玩偶、小摆件。那时候我觉得女生可能都这样吧，喜欢这些很可爱的东西。而且作为男朋友，给她买东西我也高兴啊！所以我从来没有觉得这是什么问题。

但是真的结婚之后，两个人的钱放在一起花，要过日子了，我才发现她真的太能花钱了，毫无计划和节制。

你知道"贼不走空"是什么意思吗？就是只要她出门，就能买回东西。她跟办公室的几个女孩关系不错，中午吃完饭她们总喜欢去附近的小商品市场逛逛，你说天天去还能买东西，我也真佩服她。有时候她买回一个小发卡，也要七八十元钱。有时候是个杯子，家里杯子都一堆了，但是她说太好看了，实在忍不住不买，就算自己不用，也可以留着当作好朋友的生日礼物。

她就是每天买这些小东西，七七八八的一个月也能花两三千元。我们俩工作没几年，她收入也不是很高。我收入还可以，但是要付房租，还要攒钱买房。可是她好像从来没想过这些问题似的，整天无忧无虑地买买买，很开心。

她每个月都"月光"，工作几年一点积蓄都没有，过年还跟父母要钱。其实这都是有原因的，是不好的消费习惯导致的。

比如超前式消费，就是先透支再还。好像当时花的钱不是自己的，但是每次账单一出来就傻眼。

还有就是被"安利"消费。本来没有购物消费计划，但是被好朋友、同事或者网上的博主"安利"之后，就觉得一定要买下别人推荐的东西，要不然天天惦记。

有时候她要买比较贵的东西，比如化妆品、鞋、衣服，就会跟我撒娇。我一看自己老婆那么可爱，就心软给她买了。开始我天真地以为，买了就满足了，肯定会隔一阵再消费。可是根本不会，满足了这样，过两天她又看上别的了。

另外就是女生之间的攀比。比如，好朋友新买了红色连衣裙，她明明有几条新裙子，但就是觉得人家穿的好看，非要再买一条红色的裙子。之后还要买不同的包来配衣服，总之就是完全不顾自己的经济能力，也不考虑实用性，有些东西买回来用不了一两次。

我前几年有一定积蓄，结婚时正好摇到号，就买了辆代步车。可是自打和她结婚之后，我也成了"月光族"。几个月之后，我真的觉得这样下去不行，于是找她认真地谈了几次。一开始她嘻嘻哈哈没放在心上，后来看我比较认真，她可能也觉得自己花钱大手大脚，决定改正，但是手机只要在她身上，她就忍不住扫码支付购买各种东西。

于是我们想了一个办法，把她手机上能消费或者透支的应用程序都卸载了，银行卡、信用卡也都解绑，这下总算放心了。让我万万没想到的是，一个月之后，她不好意思地跟我说，这个月一共让同事垫付了2000多元钱，她告诉人家，我会替她还。我跟她同事也挺熟的，只得赶紧帮她还上，又请人家吃了饭。

以前老听别人说，男朋友有时会替女朋友清空购物车作为给她的惊喜，我是根本没有这种机会啊！她的购物车我看都不敢看，永远是满的，数量已经到达上限。

更可怕的是，我们家里满满当当都是快递箱子。

每天，我们家门口都会堆着快递，她说如果哪天到家发现门口没有包裹，就会觉得心里空落落的。她先给自己买，实在没得买了就开始给我买，然后就开始给父母家人买，再然后就是日用百货、家居用品。

我们俩很少做饭，就算做也是简单弄一弄。但是我家厨房各种厨具、家电都有，比如空气炸锅、面包机、烧烤架等，买回来都用不上一两次。之前流行铸铁锅，她觉得好看，大、中、小各买了一个，好看倒是真好看，但是没地方放。我们租的是老小区的两居室，两个人60平方米原本够用，可是后来连个空敞的地方都没有，沙发下、床下、衣柜上都塞满了东西。买回来的那些包裹，有时候她自己看着也头疼，还没拆呢，都不知道该放哪儿了。可是说扔吧，又都是这两年才买的，扔掉实在可惜。

为这事我们吵了很多次，生气、摔东西、互相指责，也没什么用。她觉得我不舍得为她花钱，我觉得过日子不能这样，最后我们也累了，就分开了。

避坑指南

花钱这事说大也大，说小也小。按说都是成年人，又都有收入，买东西是可以自己做主的。但是既然选择恋爱结婚，就要有所顾虑。婚姻不光是为了延续爱情、生儿育女，从某种程度上说，它也是两个人结为一个经济共同体，一荣俱荣、一损俱损。

因此婚前就要看两个人的消费观和金钱观是否一致。

1. 两个人消费观是否一致。比如，两人都勤俭节约，认为攒钱最快乐和踏实，看着存款数量增加是最大的幸福，那么这样的伴侣是同步的。或者两个人都觉得应该及时行乐，有钱就应该享受，也可以。但是如果两人消费观差异非常大，一个人喜欢买贵重的东西，即时满足欲望，而另一个人认为这是奢侈和浪费，很反感，就很容易产生分歧。

2. 看对方有没有消费和储蓄的概念。买东西确实能够让人在心理上产生满足感和掌控感。关键是要量力而行，根据自己的经济条件决定买什么、买多少。

如果仅仅为了满足一时快感，而让两个人的财政状况出现赤字，那就不是一个能够长远坚持下去的消费模式。人们常说兜里有多少钱就办多大的事，其实家庭开支也是这个道理。作为成年人，要懂得量入为出，培养自己对金钱和欲望的控制力与自我管理能力。

3. 提前探讨婚后的经济问题。比如，家里谁管钱，大额开支如何商量，双方父母的赡养问题如何解决。

过去几十年，因为大家收入有限，主要用于家庭生活开支，所以大部分家庭是一个人管钱，这样能够更好地计划和安排。如今，随着收入提高，大部分人在基本生活开支之外有结余，所以很多家庭采用的方法是各自管钱、重大开支一起承担，或是建立一个共同账户，大家都打钱进去用于家庭生活，这样每个人也能掌握一部分经济自由。不管是哪种形式，只要两个人认可，并且觉得舒服，就是可以的。

适度的差异能够带来新鲜感，一个一直"抠门"的人也许能被伴侣带着体验一些高品质的生活，而花钱大手大脚的伴侣遇到能省钱的另一半，或许能够学会节制。但是差异过大或者都不愿意改变的两个人，在组成家庭前要慎重考虑。

那些被父母看好、门当户对的婚姻，
也会遭遇婚姻危机。

老丈人盼着我们离婚

日子是自己过的，两人同心胜过一切

口述：文林（男，37岁）

都说不被父母看好的婚姻不容易幸福，我亲身经历之后发现真是这样。我和我前妻结婚就是凭着一腔热情。当时年轻，我总觉得凭着我的努力，对她好、对她家人好，总有一天能感化他们，让他们认可我，成为幸福的一家人。

但是后来发现真的很难，初始印象太重要了，如果你一直在及格线以下，再怎么努力也就是将将及格，入不了眼，稍微有点矛盾就打回原点。跟那些特别受女方家庭喜欢的女婿相比，人家可能上来就是一百分，有点不好减点分，也还有八九十分。所以夫妻哪怕闹矛盾，双方家庭都会帮着劝和。我们这种就是稍微有一点点摩擦，她父母就会很警惕地说，要不别凑合了。

先说下我们的情况。我和她是同事，大学毕业后一起进入同一家单位。她是苏州本地人，父母是医生，家里条件不错，住大商品房，还有车库；我是苏北农村的，就是很普通的农村小伙子，父母都在工厂上班。

但是我学习不错，凭着自己的努力考进重点大学，毕业直接被苏州一家不错的单位录取了。当时北京、上海都有国企要录用我，能解决户口，但是我不想跑那么远，就留在了省内。我前妻是乖乖女，从小在父母身边长大，学习一般，也进了我们单位。她做的是文职，收入不算高。我在技术类岗位，收入是她的几倍。

我比较自信，而且性格开朗，特别爱组织单位的年轻同事一起玩，周末去唱歌、郊游，跟大家关系都很不错，我前妻也是这么跟我熟悉的。然后我们开始谈恋爱，跟所有情侣一样，平时上班，周末去逛公园、看电影。

她挺乖的，平时大部分时间在家，所以有时候周末不想出来，她就约我去她家里吃饭。这样我就见到了她父母。怎么说呢，从同事做客的角度来说，她父母还是很客气的，做了丰盛的饭菜招待我。但是我能感觉到，她家人对我们的交往是不太支持的。

这种感觉很微妙，表面上看不出来，我们出去他们不阻拦，我去他们家也不会遭到拒绝，但他们就是不热情、不承认、不认可。

国庆长假我想带她回老家看看父母，她父母不同意；我家亲戚来苏州想到她家拜访，她父母也谢绝了。她父母说她还年轻，刚工作可以多玩几年，不急着考虑成家。

可能越是有阻力越容易坚持，我们就这么稀松平常地谈了五年，中间家里亲戚要给她介绍对象，她也没去见。其间，我家里付首付在苏州买了套房子，我自己每月还贷款也不费劲。可能是看我们俩在一起的时间也挺久了,她父母就勉强同意我们结婚了,但是她家亲戚朋友对我都不太满意,觉得条件不行,门不当、户不对,家里什么资源都没有。

那时候我们年轻,觉得只要我们俩过好了,其他都不是事。等以后有了孩子,父母和亲戚就该高兴了吧。

刚结婚那年,我们每周末回她父母家吃饭。她爸爸基本没给过我好脸色,总是拉着脸很严肃。她妈妈也看不惯我,觉得我吃饭不斯文、干活不主动、刷碗刷得不干净……总之就是干啥啥错,不干更是不行。

但我总是笑脸相迎,不管他们怎么甩脸子,我都热情满满:"爸,您最近身体好吗?腿不疼了吧?""妈,您今天真年轻,这衣服真好看啊。"就这么勉强撑过了第一年,有时候赶上他们心情好,或者我涨了工资这种好事,全家气氛会融洽一些。

第二年我们有了宝宝,就住进了她父母家。我工作比较忙,下班到家通常快晚上 10 点,她和父母则在家照顾宝宝。慢慢地,我回家就像一个局外人一样,他们三个轮流和宝宝互动,或者宝宝已经睡了,他们三人在说话,我到家都没人理我。

虽然很别扭,但是我也不敢说什么,毕竟带孩子非常辛苦,大家都不容易。而且他们的作息时间都是根据宝宝的规律调整的,我一个人影响大家不好。有时候我也想和宝宝玩一玩,但是每次他们都会阻止我,说宝宝累了要睡觉了,或者说你这样做不对,玩具离宝宝耳朵太近了,响声会影响他的听力,总之就是越插不上手越难以融入。

我想不弄就不弄吧,就偶尔逗宝宝笑一笑或者跟宝宝打打招呼,其他的事尽量不做。但是即便这样也不行。赶上她心情好还行,赶上她觉得很累或者宝宝哭闹让她烦躁的时候,就会冲我发脾气,说我不管孩子、帮不上忙、全是他们一家人在忙活。有时候她还会说气话,说孩子就不应该跟我姓,我根本不配。

其实我前妻人很善良,我知道她这就是耍大小姐脾气,是气话,但是我能感觉到他们三个在带孩子的时候对我有很多不满。而且我也经常听丈母娘私下跟她嘀

137

咕，说都怪她找了一个外地农村的，亲家带孩子帮不上忙，也给不了钱，只能他们一家子受累。他们总这么说，她慢慢也有些动摇和后悔了，觉得对不起父母，所以和我的亲近感大大减少，对我总是有些距离。

一个周末，她和老丈人在厨房里做饭，老丈人又在小声叨叨我的不是，基本就是说我周末睡懒觉、衣服乱堆、袜子脱下来不及时洗之类的事。一直念叨，她听烦了，就说了一句："您别老说这些没用的了，孩子都有了，还能离婚啊？"老丈人直接跟了一句："离呗，离了才好呢。"

当时我正准备进去帮忙，听了这话心里一下子透心凉，站在那里进退两难。我一直知道自己在这个家里存在感不强，不被认可，但我总觉得我们毕竟是一家人，又有孩子这个纽带，而且我一直在努力表现，讨好他们一家人，想得到认可。直到那天我才知道，原来我从未被岳父岳母接纳，尤其是在他们对我长时期的各种不满之下，一直支持我的前妻也渐渐离开了我的阵营，倒戈到了她父母那边。

人心是焐不热的，我的家庭也是改变不了的。虽然我的工作不错，收入也比较高，但是永远融不进他们的家庭，他们才是一家人。想明白之后，我和她长聊了几次，虽然我们双方还有各种不舍，但是考虑到家庭和家庭之间的这种鸿沟，尤其是想到我父母每次要来看孩子都被推三阻四、一通嫌弃的场景，我也觉得愧对父母。

最后我们心平气和地分开了。孩子跟着他们一家我也放心，可能分开后才更适合我们各自安好吧。

避坑指南

这段婚姻涉及大家非常熟悉的婚姻领域的两个概念：被父母认可、门当户对。总有观点认为，不被父母认可的婚姻很难走下去。其实，现实情况是，那些被父母看好的婚姻，或者门当户对、各方面都合适的婚姻，也会有这样那样的问题，也会遭遇婚姻危机。

婚姻的本质是两个人的事，学会如何相处、如何经营才是最重要的。

1. 天底下所有父母都希望孩子幸福，不可能无缘无故反对。所以当两个人的感情遭到父母反对的时候，首先不要抵触，静下心来和父母聊一聊，知道父母顾忌的是什么，有没有道理，是否可以改变。比如，经济状况、城乡差别……要有意识地减少这类负面信息在父母面前出现的频率，让他们慢慢放下心来。

2. 不被祝福的婚姻也有幸运的。每个婚姻都是个案，最重要的是看伴侣是否能够托付一生，是否对你足够体贴照顾，是否真的相互理解和支持。不被祝福的婚姻可能最初生活艰难一些，因为少了父母的支持。如果两个人真能将日子过好，父母早晚会接纳。但如果两个人自己不合拍，产生内部分歧，那么再怎么被祝福也没用。

3. 从心理学角度看，门户象征着原生家庭和成长环境相似，包括经济基础、社会地位、人生观等，就如两方相似的土壤，养育出两个拥有许多共同点的人，于是亲密关系和家庭关系也会因此增添许多协调性。

所谓门不当、户不对，既有经济因素，也有家庭教养和文化水平的因素，因为家庭差别大导致的教育、交友观念不同，会形成不同的行为习惯、人生观、价值观，也意味着数量众多、永无休止的差异和矛盾。每一次分歧出现，双方都要经历受冲击、斗争、妥协、适应的过程。这也是很多时候人们不看好家庭背景差异大的人结合的原因。

但是尽管成长背景不同，能够结为夫妻，一定是有合拍之处才会走到一起。比如，有些夫妻互相敬重，有些兴趣相同，有些性格互补，这些都是养料，能够让亲密关系在差异中继续生根发芽，帮助双方慢慢磨合出一套最终能够容纳差异，让大家都觉得舒服的相处之道。

虽然有时候为了感情，我们选择的是一条艰难的道路，但是假如双方配合默契，世界都会为其让路。

作为伴侣,
我们不是对方的裁判员和训练师。

当进取遇到"躺平"

允许并欣赏伴侣与自己的差异

口述：大平（男，45岁）

我是土生土长的北京孩子，从小学习成绩就不太好，高中毕业考进了军校。25岁那年，我从部队转业进了三甲医院，当时没房没钱，只有一份外人看起来还不错的工作。我有的是干劲，将全部精力投入到工作中，没几年就被提拔成了部门负责人。

单位每年都会从名校招进来一批优秀的大学毕业

生，我这人爱帮助人，平时在工作中对新人比较照顾，没什么领导架子。生活中我也尽可能关心大家，而且可能北京小伙子天生比较会说话，我从小就招小姑娘喜欢，大家对我的评价都很不错，年轻女同事没事儿就愿意跟我开开玩笑，有好吃的都给我送。

由于我们的工作性质经常要值夜班，慢慢地我和一个叫凡凡的姑娘产生了一点微妙的感情。每次轮到我和她值夜班的时候，她就会准备一些夜宵跟我一起分享，我们会边吃边聊天、一起听喜欢的音乐。到后来即使她不值班的时候，赶上我值班，她也会在白天悄悄把好吃的放在我的桌上，这种心照不宣的小关心让我觉得很温暖。

但是我迟迟不敢向她表白，毕竟人家博士刚毕业，工作又积极努力，很受单位重视。她也不敢多走一步，我们在一个单位不同部门，人言可畏多有不便，彼此都觉得顾虑很多。

不过，感情是克制不住的。平时在单位基本每天都能见到，在单位的郊游活动中，我们有意无意的接触越来越多，终于有一次，我借着给她分享歌曲表达了自己的心意。

确定关系后，我们恋爱了几个月，那段时光很快乐。她性格直爽、坦率，做事认真，每次我们要出去约会，她都会做好攻略，把当天要去的地方、各家店铺的特点和价格都提前研究好。我本来就不爱操心，有她张罗更是乐得省心，一起吃饭、逛街，有她在都挺轻松。

第二年，我们组成了家庭。单位给我们分了房，虽然面积不大，比不上商品房，但是这么优秀的姑娘愿意嫁给我，我精神焕发，每天上班都唱着小曲，同事、父母也都为我高兴。"一定要好好过，不能亏待人家。"这是我对自己说的。

婚后第二年，凡凡生下一个女孩，已经 33 岁的我当了父亲，心情别提多激动了。我们用积蓄买了车，每天上下班一道，在单位还可以一块吃饭。我感觉生活越来越好。

每次看着小我 5 岁的妻子、可爱的女儿，我都觉得人生最快乐不过如此。但是生活并不如电视剧那样总是一帆风顺、一直高歌猛进，常常也会暗礁不断、面临低谷。

凡凡来自一个小县城，从小就是"学霸"，完全是靠一路勤奋拼搏来到北京、走到今天的。据说，她在高中都是早上4点半起床晨读、晨跑，晚上也学习到很晚。所以她格外珍惜现在拥有的一切，工作中特别努力、要强，对孩子也倾注了希望。

而我从小学习一般，也不爱学习，后来到了部队，一直随遇而安，拥有现在的一切，我觉得很满足。所以我工作、生活的状态都比较悠闲，闲暇的时候喜欢摆弄花草、养鱼、带女儿四处溜达、逛逛公园。说实话，连退休之后的爱好我都想好了。

没想到就是这一差别，造成了我们之后很多次激烈的争吵。

先是我的工作。之前在工作中有一两次提拔机会，我是候选人之一，但我没有积极努力地拉票，我觉得如果最后结果是我，那很好，如果不是也没关系，现在的职位挺适合我的，我也得心应手、很轻松。为这件事，凡凡回到家就给我甩脸子，冲我发脾气，说我这个人就是不求上进，是烂泥扶不上墙。听到她这些刺耳的话，看着她气愤发火的样子，我觉得特别陌生，好像如果我不能被提拔，就会被她看不起。

之后就是孩子的教育。这方面我们也产生了很大分歧：我希望孩子快乐成长，最好有一些个人爱好，比如画画、书法、跆拳道，女孩的气质是要从小培养的，淡然一些多好。而她呢，觉得孩子从小就不能输在起跑线上，在幼儿园时期就给孩子报了英语、逻辑思维、编程等兴趣班，上小学之后更是报了十几个辅导班。每次看着孩子小小的身影奔波在去一个个辅导班的路上，我真是很心疼。有时候接送孩子上下课，孩子在车上就睡着了，早饭也是在车上对付一口。

为这件事，我跟她沟通了很多次，还去向丈母娘和大姨姐求情，让全家人都帮着劝劝。可是她对这件事非常坚持，觉得孩子的事丝毫不能放松。

因为这些事情，我们之间有了很大的分歧和隔阂，好的时候没什么话，在家各干各的，谁也不搭理谁；坏

149

的时候就时常争吵，互相羞辱，之后冷战。我骂她功利心重，目的性太强，她骂我干啥啥不行，还想矬一窝。那时候我简直失望透顶，觉得自己找错了人。

当时我毕竟已经40岁了，工作和生活都稳定下来，虽然觉得对婚姻不满意，但是也不想离婚。而且她跟我是一个单位的，离婚在单位也很麻烦。

可是后来，因为互相看不顺眼，经常说狠话，加上各种生活琐事、双方家庭的事情，稍有不顺心或者分歧，她就大发脾气。

如果她只是对我和孩子这样，我还能忍受，但是每次周末去我父母家，她对我父母也是爱搭不理的样子，不是对吃的喝的挑三拣四，就是指责我父母说话做事的方式。总之，她在的时候我们都很紧张。

有一次回我父母家，她又挑剔我父母，说他们在市场给孩子买的玩具不是名牌，一闪一闪对孩子眼睛不好，然后扔进了垃圾桶。她还不许长辈摸孩子脸，说手不卫生……总之，半天时间，她拉着脸，哪儿都看不顺眼。

那天，看着在机关工作了一辈子的父母脸上局促的样子，我心里真不是滋味。回家后我们大吵一架，她也毫不相让，语言里都是对我们的不屑。那次之后，我们关系越来越差，周末回父母家我也不再带她和孩子。一年后我们离婚了，女儿归她，存款归她，房子也归她。离婚带着孩子不容易，我只想尽我所能让女儿过得好一点。

避坑指南

夫妻双方总会有这样那样的差异,两个人相处最重要的就是看能不能接受彼此的不同。接受比改变对方容易得多,大部分时候,感情中的受挫感和失望感都来自一味想改造对方,但是无果。

1. 恋爱期就要确认,能不能接受对方和自己的理想有差距。在本篇这段关系中我们看到了一个焦虑的"妈妈"和一个压抑、逃避的"孩子"。妻子总想改造伴侣,像对待孩子那样对待一个成年人,希望通过教育和激励让他改变自身的性格和处事方式,变得积极、进取。或许她没有意识到,一开始,丈夫吸引她的地方也许正是这种松弛、随和的状态。但是婚后,她又逼着他去努力,成了一个"怪圈"。

如果恋爱时确定自己的人生目标和眼前人不一致,

无法兼容，就尽早叫停，不要寄希望于后天改造。改造会让双方都感到痛苦。

2. 探寻自己的内在匮乏。其实，文中妻子的这种焦虑虽然跟丈夫的状态有关，更与自己的状态有关。她根据自身的经验，认为只有努力才能获得好的、快乐的生活，因此把自己的焦虑、恐惧投射到伴侣、孩子身上。这样的心态伴侣和孩子无法理解。

要解决问题，先从自身出发，问问自己担心什么、为什么担心，有没有办法解决和改善想法，这些都是个人需要修炼的功课。

3. 明白自己对婚姻的预判。女性对配偶的心理需求是多种多样的、复杂的，甚至是矛盾的。女性理智上知道世界上没有完美的人，两个不完美的人在一起生活，发生矛盾和产生不和谐是必然、十分正常的，但是在其心灵深处，却幻想着完美的人和完美的婚姻。

这种心理有些男性也有，大家对婚姻和伴侣的预期太高了。所以问问自己，更看重对方的什么品质，更希望婚姻是什么状态，"既要……又要……"的想法肯定无法实现。

面对差异,"接受"是一种神奇的能力。遗憾的是,在婚姻中,有太多"不接受"的现象。争强好胜的看不惯随遇而安的,性子急的受不了性子慢的,甚至爱早起的嫌弃睡懒觉的。作为伴侣,我们不是对方的裁判员和训练师,不需要去判断有些事情是对的还是错的,也不需要把一些差异装到心里,给对方不断减分。你只需接受这些事情以它本来的面目存在。

接受就是包容和接纳。对于一切我们无法改变的事情,都要接受。有人说,差异就像玉石,我们要将之置于书架上玩味欣赏,而非用它砸向自己的爱人。接受是一种心态,需要我们用一生去修炼。

只谈情说爱、享受当下是完全不够的，
还要谈未来。

他，不适合婚姻

成长要同步，才能做一辈子的伙伴

口述：桑桑（女，37岁）

前几天又看见我前夫在朋友圈晒在西藏徒步的照片了。说真的，他活得非常潇洒，我也很羡慕他的状态，40出头的年纪了，看起来就跟20多岁的小伙子似的，永远那么青春、那么朝气，这就是没有任何负担和包袱的好处。

就连我们朋友的孩子看见他都叫哥哥，他也不同意别人叫他叔叔,说不习惯。没办法,他就是个大男孩,不适合婚姻,就适合一个人生活。

我前夫这个人从外表到内心到说话办事,都透着追求自由的劲儿,我当时也是觉得他非常有趣,被他吸引了。他的经历很特殊,小学的时候父母曾经给他请过一整年假,带他全国旅游了一圈。所以,父母的支持也是让他现在这么无忧无虑的一个原因。我当时就觉得他会的东西特别多,好像无所不能。

我们两个变得熟悉是因为有一次我的柜子钥匙丢了,家里的柜子打不开,请开锁师傅又怕把柜子撬坏,他从朋友那儿知道之后,直接来我家里,拿着一根小钢丝,两下就把锁给打开了。真的太神奇了,我当时想让他教我,他说不行,这是他小时候在外面瞎玩学会的。

那时候我们都20多岁,他一副什么都懂、都见过的样子,挺神秘的,我就喜欢跟他一起玩。有时候朋友们约着一起出去旅行,他特别善于规划行程,带着我们一群人玩,我在心理上很依赖他。玩着玩着,我们俩就走到一起了。

其实谈恋爱的时候还是挺快乐的，因为他点子多，会的东西多，老带我去一些我没去过的地方，说一些我不知道的事。他有很多爱好，花鸟鱼虫、文玩瓷器，反正什么都懂一些。他带着我去这些市场逛，能给我讲出点门道，还会给我买一些有趣的东西，我当时觉得以后跟他在一起生活太有趣了。

我们就这么玩到快 30 岁，其实结婚也是我提的。他之前从来没想过结婚的事，有一天他打游戏的时候，我说要不咱们结婚吧，他说也行，那就结呗。

估计他心目中以为结婚之后的生活和婚前没什么差别，无非就是多一个人一起玩。因为他爸爸妈妈就是那种不住在一起的夫妻，他妈妈在安徽，他爸爸在上海，没有离婚，就是各自喜欢在不同的城市生活，然后在固定的节假日见面。他和父母的联系也不是非常紧密，就是各自生活、偶尔联系。

但我是传统家庭成长起来的孩子，我觉得夫妻俩就应该是白天各自上班，晚上回来一起做饭、看电视，然后周末一块买菜、打扫卫生，这才是一个家庭应该有的样子。

结婚后，晚上有时间，他还是会约朋友一起去酒吧喝几杯，或者打球、去听音乐会，只是会问我要不要一起。我只坚持了一段时间就不去了，整天熬夜到那么晚，身体受不了。所以刚结婚时我还会陪他一起，后来我们俩就形成了我下班回家，他去酒吧和朋友一块玩或者出去打球这种模式。

时间久了，我也不太愿意。这婚结得还不如没结，结婚前他还专门抽时间陪我呢，现在基本就是自己玩。周末他也是说走就走，跟朋友开车去旅行之类的，家就跟旅店一样。原来还指望他周末跟我一起干家务活之类的，现在连人都见不着，更别说干活了。

如果光是见不着人还好说，因为我也能过好自己的生活，周末约约朋友、逛逛街。但是最让我受不了的是，他在经济上也一点家庭观念都没有。他喜欢各类篮球手办，会花一个月的工资买一个摆件，完全不考虑家庭开支。

更让我觉得惊讶的是，他们单位裁员，他一次性拿到了20多万元补偿金。这本来是好事,如果我是他,紧接着再找一份工作,这笔钱不就是额外收入吗?可他不这么想,拿到这20多万元,他觉得可以稳稳当当在家休息半年,就开始每天养花、养鱼、养乌龟。我都不能理解,他竟然一次性花了1万元买乌龟,然后在家里买了一个大水缸。他就是这样,喜欢什么就一头扎进去。

更大的开支还在后边呢。那段时间他在网上看茶壶,又去跟朋友们交流,突然迷上了一个老师做的茶壶,然后就在网上联系人家,花8万元买了一只茶壶。说真的,我听到他这么冒冒失失就买东西,觉得他是被忽悠、上当受骗了。但他说不是,说那个老师的茶壶很值钱,具有收藏价值。

回想跟他一起生活的那几年,总觉得一惊一乍的,他要不就是换工作,要不就是买一些没什么用的东西。感觉他不喜欢对生活进行规划,注重及时行乐。

我30岁出头的时候,觉得该要孩子了,就跟他商量,结果他完全没有这个计划。他觉得两个人生活就挺好,生孩子没必要。当然,以他的性格也不会完全反对，感觉是如果要孩子也可以，那以后养孩子、带孩子基本就要靠我自己了。

刚结婚的时候我以为，他是还没长大或者还没玩够，眼看着我们都 35 岁了，他还是一门心思地玩，过自己想要的生活。后来我们也认真聊过这个问题，他觉得自己根本就不适合婚姻。如果慎重考虑，他可能根本就不会进入一段婚姻中。

但是我等不了了，我想要孩子，想要稳定的生活，所以我们选择分开，让他回归自由的单身生活。

避坑指南

有些人年轻时特别贪玩，比较自我。这时候总会有长辈说，"结了婚就好了，有孩子就好了"。那感觉特别像老师哄高三学生，"考上大学就好了"。

不可否认，的确有人结婚后变了。但要注意，那不是结婚的魔力，而是当事人有改变的想法。

大家老说谈恋爱、谈恋爱，谈什么？大部分人的理解是谈情说爱，这当然没错，但是只谈情说爱是完全不够的，还要谈未来。

1. 如果是学生时期恋爱，或者没有走进婚姻的打算，那么当然可以止步在吃喝玩乐层面，只要两个人开心就行。但是如果有组建家庭的想法，就必须聊一些有关责任、未来、人生规划的话题。

这些话题虽然有些沉重和遥远，或者两个人在讨论这些话题时会产生分歧，但是正因为不可能百分之百想法一致，所以我们才要提早让这些矛盾显现出来，然后看看能不能聊出一个尽可能两个人都满意、都同意的结果。

这才是谈婚论嫁，不是只有爱情就可以，要看双方对未来有没有一致的规划。

2. 谈论这些话题的时候，我们还能够知道对方在对待重大问题时的判断和性格底色。像前面说的，有些人虽然年轻时像个孩子，但是谈到成家立业的话题，他们会有规划和想法，知道应该承担什么责任。还有一类人，一辈子都拒绝长大。他们希望永远有人照顾自己，希望有打不完的游戏、喝不完的酒，希望不用负责，不用挑起生活的重担，希望不受拘束、耳根清净。谈到未来，他们不想改变，走一步看一步，得过且过。

不是说这样的人生不好，而是在选择这类伴侣前，你要认真考虑，愿不愿意一直包容和接纳对方，愿不愿意在婚姻中一直充当那个"妈妈"或"爸爸"的角色。

如果觉得自己的能量不够，也想在婚姻中得到一些支持和依靠，那就要和对方认真谈一谈。否则，直接进入婚姻难免会失望，因为两个人对婚姻的预期和想法都不一致，结婚之后再勉强，很容易以吵架和冷战收场，直接影响婚姻关系。

谈婚论嫁，就是先谈好，再婚嫁。即使之前谈得好好的婚姻，后来也可能会出现这样那样的矛盾，更不要说一开始目的地就不在一处的了。

我有钱包就够了,
要你有什么用呢?

AA 制的冷漠

可以精打细算，不可以自私冷漠

口述：小米（女，38岁）

你看我开保时捷、住上下五层的别墅，肯定想不到我竟然是因为钱的问题离的婚。我和我前夫虽然不是那种特有钱的人，但是也还行，结婚前他有五套房（贷款）、一辆车，我有三套房（没有贷款）、一辆车。按说我们结婚最不差的就是钱了，可架不住他斤斤计较，太闹心了。

离婚的时候我跟他说："你看上什么、喜欢什么都拿走。"他说："我就拿我花钱买的那些,别的不要。"他就是这么让人抓狂的一个人,我真不知那几年是怎么跟他过的。

我和他是网上认识的,认识他之前我谈过那种很有钱的男朋友,在一起几年送了我好多东西,分手的时候还送了我一套房、一辆车。但是我前男友有点花心,我实在受不了,所以分手后我就想找个老实的人结婚。

我家条件挺不错的,我不太在乎男方的物质条件,只要对方人品好就行,这样我前夫就符合了我的标准。他是一家大型保险公司的在编员工,不是推销保险的,是对公业务,所以工作不太忙,收入也还可以,工资加上绩效一个月有三四万元,多的时候5万多元。而且他有一个当时在我看来非常好的品质,就是节俭。

他很有投资理念,认识我之前他攒够首付就买房,那时候也不限购,所以二十七八岁的时候他就已经贷款在北京买了五套房。当然,为了还月供,他每个月过得都很辛苦。我经常嘲笑他是个"房奴"。

我跟他比就差很多。从小家里人给我的钱就比较宽裕，所以我手特别松，花钱可以说没什么计划、大手大脚。我高中毕业到国外留学，读完研究生回来，这些年不管和男同学还是女同学一起吃饭，基本都是默认我买单，我觉得好像理所应当，慢慢地我身边的人也就都习惯了。逛商场看见喜欢的东西，我觉得有意思的、好看的，基本上就会买下来，商场导购可喜欢我这样痛快的顾客了。和我前夫谈恋爱期间，他老说我不能这么大手大脚，花钱要有节制，要懂得攒钱。可能忽然有人这么唠叨我，我还觉得挺有意思的，甚至觉得两个人就应该是一个像我这样、一个节俭一点，要是两个都像我这么爱花钱还真不行。就这样，他给我留下的印象就是积极上进、靠谱、节俭，还挺有计划性的，我觉得这个人值得依靠和托付，所以我们恋爱一年多就结婚了。

其实从准备婚礼开始，他就已经算得很清楚了。当时我们看房，看到一个别墅小区的最后一套房，我家存款多，准备出全款帮我买下来，但是他卖了两套房子付了一半的钱，剩下一半是我爸帮我付的。我当时觉得，他的观念是婚房不能女方家出，他必须要分担，很有男人味、很有骨气。

后来，他说他负责购置别墅的所有电器和家具，让我去跟我爸要装修别墅的钱，他算过了，这两个价钱差不多。我去跟我爸要钱的时候，我爸就不太高兴，觉得这么算特别扭。按我爸的话说，当时把钱都给你买房子，也不至于你们算得这么紧张。但是已经结了婚，就这么别别扭扭地装修了别墅住了进去，我爸不高兴一阵也就过去了。

更让人难受的是日常生活。我们正式在一起生活之后，每天只有晚饭在一起吃。外出吃饭时他特别坚持，必须他请一次、我请一次。有意思的是，每顿饭结账他都会开发票，但是该我出的那份钱也一定是要我出的。

过节和生日互相送礼物就更有意思了，他也会送我奢侈品，比如上万元的包包，但是他都会把价格告诉我，我每次都会马上买一个差不多价钱的礼物回赠给他，因为如果不回赠的话，他就会一直唠叨这件事。

春节回家看望双方父母也是，我爸爸家里东西特别多，每次我爸都说家里东西随便拎，基本都是人参、鹿茸、羽绒被、茅台等，我们会拎好几样回他父母家。但是他每次回我家就买点鸡蛋、水果，因为他说我去他家也没有花钱。其实我爸说了家里什么都不缺，但是他什么事都斤斤计较让人看着心烦。后来过年过节，我爸就让我不用回去看他们了，省得麻烦。

家里的生活用品也是，只要他买的东西他都记得特别清楚，后来我也懒得跟他费劲了，因为我这个人比较大条、算不了那么清楚，对钱也不是太在意，家里的手纸、洗发水等日常消耗品，能买的我就都买了，如果他买的话还得记账，我脑袋疼。

最吃亏的是每次吵架。我们俩只要一吵架，我一生气说他抠门，他就会立刻说出他哪次过节去看我爸买了鸡蛋、买了点心，我过生日给我买礼物花了多少钱，脑子里就跟有本账似的。可我一下就傻在那儿了，其实我给他买的礼物更多，但是到关键时刻一样也说不上来。

和他在一起待的时间久了，我真的觉得他一点男子汉气概都没有。我觉得没结婚之前我的日子过得挺潇洒的，想花钱就花，也不受气，和他结婚之后整天为了花钱的事算计来算计去，太难受了。

我们总是争吵，两个人的感情早就没有了，虽然也一起出去旅行，但是因为总惦记着该谁花钱了、谁花得多了，所以很疲劳。这样把感情消磨光了，反正我们也没有孩子，就分开了。

分手的时候，说到房子以及一些共同财产，他让我给他经济补偿，他搬走。我为了早点得轻松，还有我爸爸的强力支持，所以直接让他开价，然后把钱转给他。同时我也跟他说了，家里的东西你喜欢的都可以搬走，搬空都没关系，我可以再买。

这种斤斤计较的婚姻真的让人窒息。

避坑指南

这几年我们总是听人说,给你花钱的人不一定爱你,不给你花钱的却一定不爱你。这种解读不完全对,但可以肯定的是,两个人谈恋爱或者结婚,一定要谈钱。只谈感情不谈钱,就永远隔着一层。

1. 如今的婚姻和家庭已经和过去有很大不同,过去总说"嫁汉嫁汉,穿衣吃饭",而现在随着社会进步、时代发展,大部分家庭都是两个人共同努力来建设。

对于家庭开支、两个人的钱如何管理等问题,需要两个人共同商量决定,只要是两个人都认可、觉得舒服的方式,就是可行的。

不是说 AA 制不可以,而是要注意,AA 制绝对不等于斤斤计较。两个人共同承担的初衷是好的,但并不意味着今天买菜花了 49 元,你就需要转给我 24.5 元,或者今天你送我一枝玫瑰，明天我就要赶紧还你一棵芹菜。

曾经有新闻说，一对中年夫妻要离婚，因为在多年AA制婚姻中，他们连冰箱里的鸡蛋都要贴上名字，分清你的、我的。这样的婚姻简直斤斤计较到令人窒息，怎么还会有感情？

2. 每个家庭的收入、开支管理方式不同：有的喜欢由一个人统一管理；有的是各管各的，大项开支一起出或者收入高的出；也有的家庭比较松散，你交了物业费，我就去交水费、电费、宽带费。但前提是两人都愿意为家付出，愿意为了共同的未来付出，而不是一直想着自己的利益，想着自己不要吃亏。

更何况，婚姻和感情里，永远没有绝对意义上的平等。一些人喜欢在分手或者离婚的时候列出之前消费的清单，写明这些年自己花费了多少钱，让对方承担一半，这种行为之所以被大家不齿，就是因为感情中的事情真的没办法算得那么清楚，很多无形的投入该怎么用金钱来衡量呢？

认为谈钱伤感情，是因为之前谈得太少，没有谈透。真正开启一段婚姻关系时，我们一定要把钱说在前头、提到明面上，不要遮遮掩掩、不好意思，不要给未来留下麻烦。

那些因为彩礼钱、装修钱而闹掰的情侣，本来就不适合在一起。我们为对方、为家庭付出的态度，某种程度上决定了我们对这份感情的态度。

"你真棒""你好厉害",
这类正面语言产生的效果一点不比"我爱你"差。

她总打压我的骄傲

选择赞美和鼓励爱人

口述：永凯（男，37岁）

说实话，我和我前妻没有什么大矛盾，但是我们俩生活的那股劲头不一样。

我是特别有朝气的人，对什么都感兴趣、都想学习，精力充沛，人来疯，整天总想折腾点事儿。我前妻是安静型的人，多年如一日，她对什么都不感兴趣，吃这个也行、吃那个也行，有也行、没有也行，去哪儿玩都感觉差不多,她对我的爱折腾也很瞧不上,经常给我泼冷水,或者打击我。我在外面挺欢实的,一到家就找不到感觉和位置,很难受。

我和她是大学同学,说起来也是有趣,当时我们就不是一类人。我是学校的风云人物,校园十大歌手之一、大型晚会主持人,还会弹吉他、弹钢琴、写诗,很多女生都对我挺崇拜的。她跟别人不一样,从来不正眼看我,对我完全无视。

嘿,这下勾起了我的兴趣。我们上的是一所名牌大学,她父母都是学校的教授,所以她挺有书卷气的,我觉得不错,就主动追她。大学时候还好,我闹腾我的,她安静她的,我们一块学习、吃饭。其余的时间我写歌、组乐队、参加演讲比赛,她有时间就做我的观众。我觉得那时候她应该挺为我骄傲的吧,毕竟我在学校是大红人,我们一起走在校园里,她应该内心也是高兴的吧。

我家条件不错,父母支持我组乐队、写歌、录歌,中间我还出了本小说,我自己写的,你说我精力多旺盛，就这还不耽误我考上本校研究生。她就安安静静的，大学毕业去小学当了老师，很稳定，也算是继承了他们教师之家的衣钵。

我研究生毕业后找了份稳定的工作，我们就结婚了。开始几年很平稳，她有寒暑假、正常上下班，我也稳定地工作，出了一些成绩。我们接连生了两个孩子，一儿一女，双方父母也能帮忙带孩子，所以还算不错，平平淡淡的，可能跟大多数家庭一样。

但是从那时候起，我就觉得在家里特别没有存在感。其实我和我爱人都是学教育的，所以带孩子我也是一把好手，基本上陪孩子玩、给孩子读书、讲睡前故事这些事我都抢着干，每次去亲戚家，别人都夸我是"模范爸爸"。就连在我们小区，我也是出名的"孩子王"，只要我带孩子下楼，马上就能聚起一群小朋友，其他妈妈都羡慕她有我这样喜欢孩子、会带孩子的老公。但是她从来不会夸我一句，还经常指责我这儿做得不好、那儿做得不到位，就总挑毛病。我做的她都看不见，没做的她都盯着。

怎么说呢，就是我在外面享受着大家的夸赞，特别受用，一回到家就得不到认可，我觉得在家特别没意思，做了和没做一个样。有时候故意和孩子一起取悦她，也没有效果，就很扫兴。

后来我学了心理学，了解了自己，我是属于表演性、胆汁质的人，就是我很喜欢受人瞩目，特别需要别人的认可、赞扬和鼓励。我做事特别希望得到正面反馈，只要别人说我真棒、真不错，我就马上来了精神，再多干点、受点累都没什么。但是如果我做的事没人搭理，再打击我的话，我就会越干越没劲儿，自己就没了精神头。

后来，我开心理专栏和直播，在外面也有了很多关注者。我经常出去给人讲课，有大课、小课、直播课，还在各地做工作坊，微信群里的关注者对我都特别崇拜，我也有了很多追随者。每次我兴致勃勃地从外面回来，跟她说我这次讲课有多成功，台下的观众反馈有多好，很多时候我讲完课大家拉着我不让走，围着我合影签字……我特别兴奋地跟她聊这些内容，就希望看到她眼睛一亮说:"老公,你真棒!哎哟,这么厉害啊!你这么受欢迎呢?"反正就想得到她一点点正面的认可。但是,从来都没有。

她每次要不就是心不在焉,我正说着,她就站起来忙别的去了;要不就是听完给我一个不屑的眼神,好像在说"有什么啊,嘚瑟";还有的时候干脆就说"行了别说了,我不感兴趣,你说那么多话不累啊!"。每次我都感觉像被泼了冷水一样。其实我已经努力变着花样说得有趣一点了,就是想吸引她的注意。

就这样,我越来越觉得家里特别冷漠,没有关心、期待、问候和人情味,明明我很努力地在做好爸爸、好老公,努力工作、获得成绩,但是都得不到妻子的认可,感觉她有我没我都一样,家里有我没有都一样,没有感情、没有色彩。

更让我觉得可怕的是,慢慢地,我有点不想回家,回家也不想说话,而且想想未来几十年都要这样过下去,真是觉得我的生命之火也会慢慢被浇灭,没有热乎气了。

有了这些想法之后，我和她认真地聊过几次，但是她不太愿意改变。她觉得在一起这么久了，我的任何变化都引不起她的兴趣了，更别提违心地追捧。她说过日子没必要那么多你吹我捧，大家各自安好就行，我做的那些都是给外人看的，在家就没必要装专家了。

这样僵持了一段时间，我的状态越来越不好，可能有点抑郁了。我跟她说了，结果她说她去医院检查过，她有中度抑郁，没什么的，除了对生活没什么兴趣、睡不好之外，并不影响日常生活。我听完更觉得不能这样下去了，如果我也是这种状态，对孩子也不好。所以，后来我陪着她认真治疗了一段时间，我们也认真商量过很多次之后，觉得我们确实不是一路人，我需要认可和夸奖，而她只会打击和负面评价，大家不太适合长期在一起，就决定分开了。

避坑指南

这位男士从自己身上找问题,说自己属于表演型人格,需要认可和夸赞。其实不光是这类人群,大部分人都是需要别人认可的,尤其是需要自己在乎的人的认可。就连三四岁的小朋友都有求表扬的潜在心理,在幼儿园希望得到老师的夸奖,在家里好好吃饭、乖乖睡觉也希望得到爸爸妈妈的表扬。

伴侣之间的互动模式,特别影响双方的心情和自信。在一段感情中,我们是被看见、被鼓励,还是被嫌弃、被打压,关系着我们的幸福指数。

1. 看看对方是不是"差评师"。案例中这种情况在亲密关系中比较常见,我们称之为"感情里的差评师",就是喜欢打击对方、挑伴侣毛病。

有人觉得作为最亲近的人,要时时提醒对方身上的问题、鞭策对方。也有人是因为心情不好时，看什么都不顺眼。当然，还有的是因为没有感情了，所以吹毛求疵，这里我们暂且不谈这种不爱的情况。

感情中两类回应特别伤害伴侣，就是忽视和打压。在一段稳定的情感关系中，相互夸赞、欣赏对方其实是非常重要的。"你真棒""你好厉害"，这类正面语言产生的效果一点不比"我爱你"差。它能让伴侣双方都产生愉悦的感觉，让被夸赞者产生被认可、被欣赏的美好感受。

2. 如果你自己是这类不擅长夸奖对方的人，有可能是从小家庭氛围比较严肃，父母就是"差评师"，你是一路被打压长大的。

换位思考一下，小时候父母对我们严格、对表扬吝啬，是不是让我们失望、不自信，甚至长大后一想到回家就要受批评和被打压，就不愿意回去？那么我们就要换一种正向的方式和伴侣沟通，而不是用打压和否定的方式来鞭策和"爱"对方。

3. 警惕"PUA"。还有一种情况，就是有些人担心伴侣过于优秀,自己相形见绌,所以故意打压对方。遇到这类伴侣,一定要分辨清楚,对方的打压是出于好意,还是为了控制和拿捏你。如果是后者,那么我们要警惕。

要知道,我们常说的"势均力敌的爱人",一定不是靠打压来创造和维系的。